愛されたい！なら「日本史」に聞こう

―先人に学ぶ「賢者の選択」―

白駒　妃登美

祥伝社黄金文庫

私たちの毎日は、選択の連続です。
どんな選択をするかが、人生を左右します。
「賢者の選択」を歴史上の人物たちから学びましょう。

――『愛されたい！ なら「日本史」に聞こう』

― はじめに ―

２０１１年６月、ひすいこたろうさんとの共著で『人生に悩んだら「日本史」に聞こう――幸せの種は歴史の中にある』という本を出版させていただきました。

日本人の夢の叶《かな》え方や粋《いき》な生き方、絆《きずな》の紡《つむ》ぎ方など、私たち日本人が幸せに生きるためのヒントとなるさまざまなエピソードを集めた一冊で、私にとっては目に入れても痛くないほどかわいい、初めての著作です。


この本は、おかげさまで多くの方に愛され、応援され、私は全国から講演のご依頼をいただくようになりました。

「歴史は今まで嫌いだったけれど、この本を読んで興味がわきました」

「白駒さんが歴史の先生なら、もっと歴史を好きになれたのに……」

講演後の懇親会では、このようなありがたいご感想をいただくことが多いのですが、『人生に悩んだら「日本史」に聞こう』というタイトルの影響か、人生相談にのることもしばしば。そして人生相談の中で圧倒的に多いのが、人間関係についての悩みでした。

歴史上の人物たちにも、当然、同じような悩みはあったはず。彼らだって私たちと同じ生身《なまみ》の人間なのだから、人間関係に悩み、人とのかかわりあいの中で成長していったのではないか。それは歴史の表面にはなかなか現われてこないけれど、現地に足を運んだらヒントが得られるかもしれない。

そんな視点から、講演で訪れた土地の歴史館や資料館に足を運び、地元で愛される先人たちの足跡をたどってみました。

その成果をまとめたのが、本書です。

彼らは、なぜあんなにも愛され、応援されたのか。その〝愛され上手〟たちの秘密を知れば、恋愛や結婚はもちろんのこと、仕事にも、きっといい影響があるでしょう。

女性だけでなく男性にも、人間関係で悩んでいる方はもちろん、もっと自分の魅力を輝かせたい方、さらに人間関係を深めていきたい方に、本書を手にとっていただけたら嬉《うれ》しいです。

前著にも書きましたが、私は2010年夏に大病を患《わずら》い、一時は死を覚悟しました。そのとき考えたのは、当時まだ小学生だった娘と息子に、親として限られた時間の中で何を遺《のこ》せるか、ということです。

学校の成績なんてどうでもいい、とにかく周りの人から愛され、応援される存在になってほしい……。それが、死を前に私が子どもに求めた唯一のことでした。

その後、ありがたいことに病気が快方に向かい、私は今も元気に生かされています。あれから4年、「愛され、応援される存在になること」が、生きる上で最も大切だという思いは、日々、深まっています。

今回、歴史上の人物たちの力を借りて、子どもたちに伝えたいことをこうして一冊の本にすることができました。とてもありがたく幸せに思います。

目次

〈第2章〉賢人に学ぶ　開運の法則……71

〈第1章〉

異性からも
同性からも、
愛される人に
なるために

人と人を結ぶもの。それは、お金でもなく、地位でも名誉でもなく、「人としての魅力」ではないでしょうか。魅力を輝かせることができたら、異性からも同性からも愛される存在になります。

愛される存在になれたら、恋愛や結婚はもちろんのこと、仕事もうまくいくようになります。

そのためには、まずは魅力の本質を知ること。魅力の本質を知り、自分の魅力を輝かせることで、豊かな人間関係を築くためのスタートラインに立つことができるでしょう。

相手の自己重要感を満たす達人・吉田《よしだ》松陰《しょういん》

あなたの周りに、「魅力的だなぁ」「素敵《すてき》だなぁ」と感じる方はいらっしゃいますか？

異性でも、同性でもかまいません。その方は、なぜあなたにとって魅力的なのでしょう？

笑顔が素敵だから？　いつも前向きで元気をもらえるから？　いつも一生懸命話を聞いてくれるから？

異性にモテる人の条件は、時代によって変化していきます。例えば、バブルの頃は、「三高《こう》」といって、収入、学歴、身長の高い男性がモテました。近年は、「三低（低姿勢、低依存、低リスク）」から「三手（手伝う、手を取り合う、手をつなぐ）」、そして「ロールキャベツ男子（外見は草食系でも、中身は肉食）」と、女性が求める男性像は移り変わってきました。その後も「○○男子」という呼び名が出ては消え、消えては出てきて、その時代を象徴する流行語になっているほどです。

けれども、いつの時代にも、異性、同性問わず信頼され、愛される人はいるのです。その条件は、ズバリ、**「相手の自己重要感を満たすことのできる人」**です。

〝笑顔セミナー〟主宰の諏訪《すわ》ゆう子先生によると、〝魅力の法則〟というのがあり、魅力的と映る人、周りから愛される人には、次の3つの法則のどれかが当てはまるそうです。

①明るい人
②憧《あこが》れの要素、尊敬できる要素を持っている人

③自己重要感（「自分は重要な、価値のある大切な存在なのだ」という思い）を満たしてくれる人

仮に、魅力的な人の条件が①②だけだったら、ハードルが高いですよね。

例えば、「明るい人」。努力すれば、自分はいつも笑顔でいられるかもしれません。でも、相手を笑わせるのは、感動で泣かせるよりも難しいと言われていますから、「明るい＝周囲に笑いをふりまく」と考えたら、「ちょっと厳しい」と感じる人が多いでしょう。

次に、「憧れの要素、尊敬できる要素を持っている人」はどうでしょうか。これも、外見やセンスなどは、生まれついての資質や育った環境の影響が大きく、努力ではどうにもならないものも多々あります。さらに、生き方や能力に関しては、自分にないから憧れたり、尊敬できるのであって、ないものを身につけるのは、相当の覚悟と努力が必要ですよね。

では、「自己重要感を満たしてくれる人」というのは、どうでしょう?

人は誰しも「自分のことを認めてほしい」「周りの人から大切にされたい」という欲求を持っています。その欲求が満たされると、その人の自己重要感は高まります。

ですから、相手の自己重要感を高めるには、いつも目の前の人を大切に思い、その気持ちを言葉や態度で表現することが大切なのです。

これなら、意識と努力しだいでできるのではないでしょうか。つまり、この魅力の法則の3番目の条件があるから、**人は、努力をすれば誰でも魅力的になれる**のです。

相手の自己重要感を満たすことのできる人。そんな魅力溢《あふ》れる人物を、日本史の中からご紹介しましょう。

「足下《そっか》の質は非常なり」

この言葉は、吉田《よしだ》松陰《しょういん》がその才能を最も愛した弟子・吉田稔麿《としまろ》に宛てたものです。「足下」とは相手のことをあらたまって呼ぶ表現です。

「あなたの資質、人間性は、尋常でなく素晴らしい」

と、手放しでその才能を認めています。

稔麿が松陰に出会ったのは、稔麿16歳、松陰27歳のとき。松下村塾《しょうかそんじゅく》を訪れた稔磨が、主宰者である松陰に入門を志願したのです。当時、「栄太郎《えいたろう》」と呼ばれていた稔磨に、松陰は、中国の唐《とう》の時代の文学者であり思想家でもある韓退之《かんたいし》が著《あらわ》した、立身出世のための書を読ませました。

このとき、稔磨は松陰にこう返したといいます。

「僕はこんなことを学びに来たのではありません」

彼の真意は、「出世なんかどうでもいい。僕はもっと本質を学びたい」ということだったのでしょう。この瞬間、松陰は稔磨に惚《ほ》れ込んだようです。

弟子となった稔磨のことを、「稔磨はわが良薬なり」と絶賛し、心から尊敬したのです。「良薬」と評したのは、「未来の日本のために役立ちたい」という稔磨の高い志《こころざし》と純粋な思いに、師である松陰自身、学ぶところが大きかったからでしょう。


翌年、稔磨と同い年の若者が、松下村塾に入門しました。後に初代内閣総理大臣となる伊《い》藤博文《とうひろぶみ》です。

当時、「利助《りすけ》」と呼ばれていた伊藤博文を、松陰がどのように評価したかといえば、「利助、亦《また》進む。中々《なかなか》周旋家《しゆうせんか》になりそうな」。

「周旋家」というのは、「人と人との橋渡しが得意で、面倒みがよく、いつも動き回っている人」のこと。稔磨をはじめ、久坂玄瑞《くさかげんずい》、高杉晋作《たかすぎしんさく》、入江九一《いりえくいち》、品川弥二郎《しながわやじろう》など、資質に恵

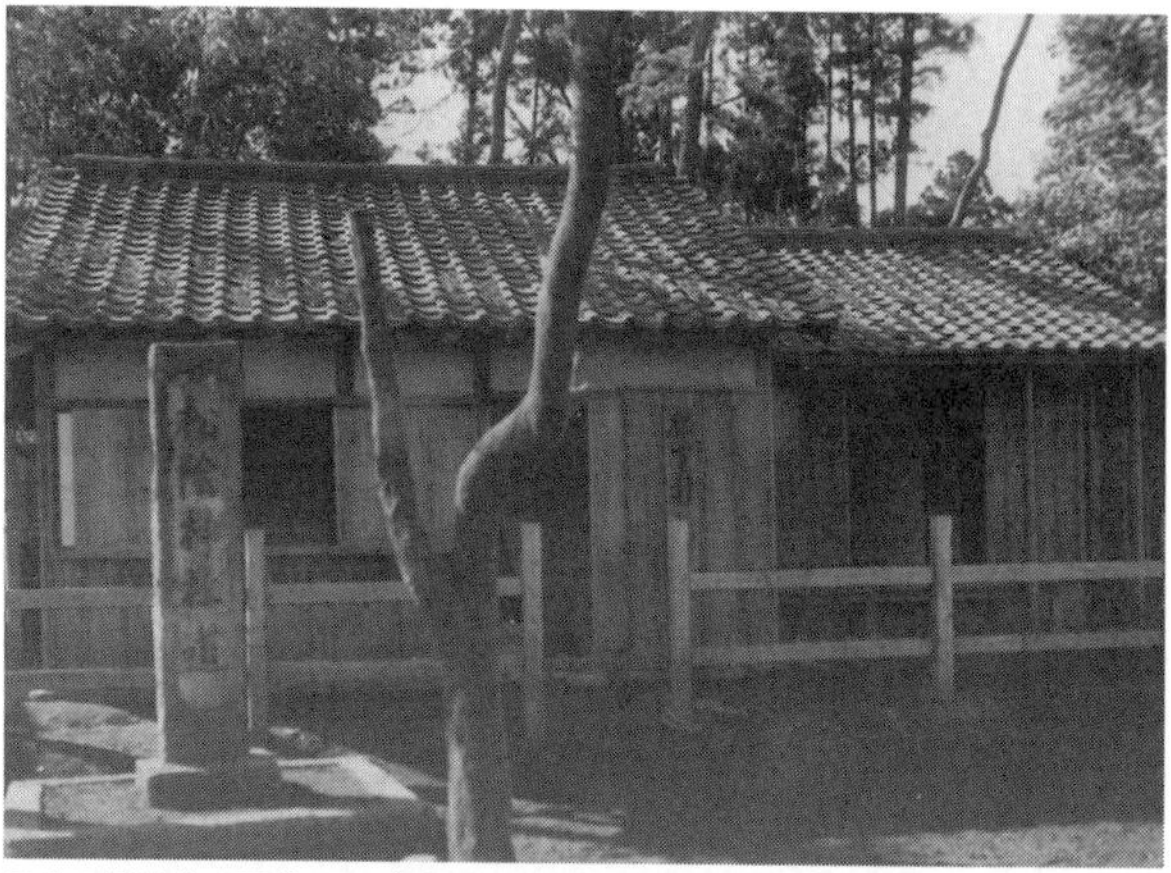
日本の近代化に貢献した“教育の奇跡”松下村塾（1953 年撮影）

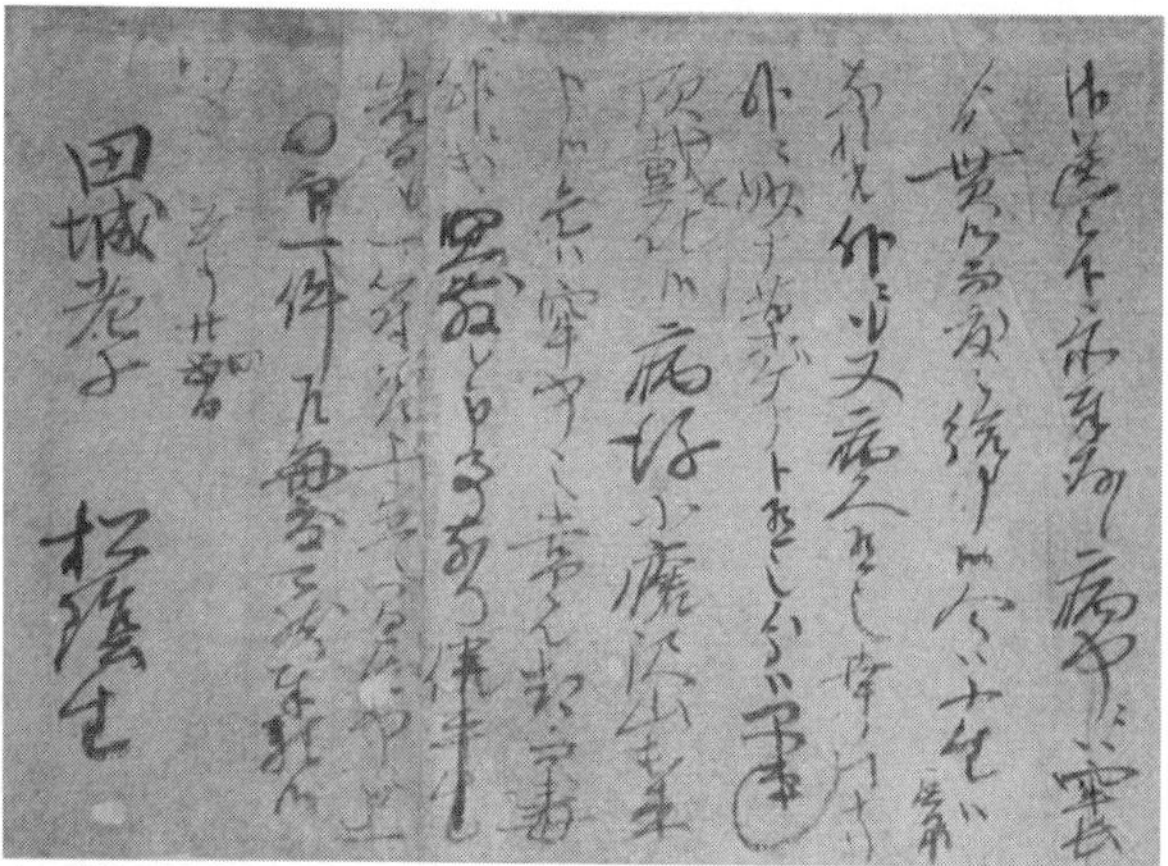
吉田松陰が獄中から送った手紙

まれた若者が数多く入門し、切磋琢磨していった松下村塾の中で、利助少年はけっして目立つ存在ではありませんでしたが、松陰は、彼の優れた点を見抜き、その将来性に光を当て、利助が熱心に勉学に励んでいることを喜んだのです。

松陰が松下村塾で子弟の教育に携《たずさ》わったのは、長く見積もっても2年10カ月。松下村塾は、入塾試験も設けず、授業料もとらなかったので、今まで満足な教育を受けたことのなかった貧しい家の若者も通ってきました。このように、身分も問わず、情熱ある若者であれば誰でも受け入れた、いわば〝雑草集団〟とも言える松下村塾。

そこから巣立った若者たちの多くが、松陰の志を受け継ぎ、政治、経済、教育などさまざまな分野で、日本の近代化に貢献しました。そして、内閣総理大臣2名、国務大臣7名、大学の創始者2名を輩出したのです。

それはまさに〝教育の奇跡〟。

「才能を発揮して何かを成し遂げた人も、普通の人も、遺伝子は変わらない。**ただ遺伝子のスイッチが、ONになっているか、OFFになっているかの違いだけ**」

と、遺伝子研究の世界的権威である筑波大学名誉教授の村上和雄《むらかみかずお》先生はおっしゃっていますが、なぜ松陰に触れ合った若者たちは、こんなにも才能が花開き、師である松陰に匹敵するほどの活躍ができたのでしょうか。

それは、「松陰が相手の才能や魅力を発見する天才だったから」という理由だけではないと思います。吉田稔磨への言葉からもわかるように、松陰は、心から彼らを愛し、その愛すべき点において、師である松陰自身が心底《しんそこ》尊敬していたのです。

尊敬してやまない師から、逆に尊敬される自分を感じたとき、弟子たちは何とも言えない自己重要感に包まれ、安心して、自信を持って、自分の人生を歩むことができたのではないか、そんな気がするのです。

そして、特筆すべきは、松陰が、弟子たちを比較して、「あの子のここが素晴らしいから、それを見習いなさい」とはけっして言わなかった、ということです。稔磨には稔磨の素晴らしさが、利助には利助の魅力があり、等身大の彼らと向き合い、そのすべてを受け入れました。

“I love you, because you are you.”
あなたはあなたのままでいい、あなたを丸ごと愛します。

心理学でよく耳にするフレーズですが、松陰はまさにこれを実践したのです。

今でも山口県、特に萩《はぎ》市にお住まいの方々は、吉田松陰のことを「松陰先生」と呼び、呼び捨てにする人はほとんどいません。通常、歴史上の人物は、個性の強い人ほど「好き、嫌い」の意見が分かれますが、私の経験では、吉田松陰と西郷隆盛《さいごうたかもり》に関しては、「嫌い」と言う人と出会ったことがないんです。

弟子たちに敬愛され、１５０年経っても人々から愛され続ける松陰先生。アメリカへの密航を計画するなど、死をも恐れず志を貫いた強さと、どんな人でも丸ごと受け入れ、愛してくれるそこはかとない優しさ。それが松陰の最大の魅力であり、愛される理由だと思います。

よく「自己表現が苦手で……」と言う方がいらっしゃいますが、「自分が、自分が……」と自分を前面に押し出して自己アピールしても、なかなか人は認めてくれません。それよりも、むしろ相手を受け入れ、認め、敬意を持って大切にすることで、あなたの魅力が引き出され、輝くのです。

ただ、「目の前の相手を大切にする」……これって、言うだけなら簡単ですが、実践するとなると、頭を抱え込んでしまう人が多いのではないでしょうか。

でも、そんなに複雑に考えなくて大丈夫。**「私にとって、あなたはとても大切な人」という思いが伝わればＯＫ**です。

例えば、仕事中であれば、相手の発した言葉をメモにとるだけでも、その人に敬意を持っていることが伝わります。相手に呼びかけるとき、「お客様」ではなく、「○○様」と名前で呼ぶだけでも、相手の自己重要感は高まるでしょう。

以前、社員研修をさせていただいた車の販売店さんのトップセールスマンの例は、示唆《しさ》に富んでいます。彼は口下手なのに、驚くほど車がよく売れるんです。笑顔で一生懸命お客様の話に耳を傾ける、聞き手としての誠実な姿勢、そしてまるでＶＩＰを見送るように、お客様が見えなくなるまで頭を下げ続ける謙虚な態度に、「この人から買いたい」というお客様が後を絶たないのだそうです。

相手の自己重要感を満たすのに、特別な才能や能力が必要なわけではないのですね。

プライベートな場ではどうでしょうか？　例えば、誰かと食事をしている間に「もしかしたら緊急の仕事の電話がかかってくるかもしれない」という場合を考えてみましょう。相手との会話もうわの空で、チラチラと携帯電話を気にしていたら、「あなたは大切な存在」という思いは伝わりませんよね。

こういう場合は、「もしかしたら仕事の電話が入るかもしれないから、申し訳ないけど携帯をここに置かせてもらうね」と一言ことわって見やすい所に置いてから、食事を始めます。そうすれば、電話がかかってきたときにすぐに気づきますから、相手と会話を楽しみながら、食事も存分に味わえる……というわけです。

相手にとっては、目の前でチラチラ携帯を気にされるよりも、はるかに感じがいいですし、「自分という存在を気にかけてくれている」というのが伝わり、むしろ嬉《うれ》しかったりするものです。

「大切」って、「大きく切る」って書きますよね。よけいなものを一つ一つ削《そ》ぎ落としていくと、本当に大切なもの（人）に気づく。その大切な存在を心から慈《いつく》しむことが、「大切にする」ということだと思うんです。

「いま」という瞬間は、二度とやって来ない、かけがえのないひとときだから、過去や未来に対する執着を手放して、「いま、ここ」に全力投球する。そして、いつも自分の目の前にいる人を、心から大切にする。たとえその人と、もう二度と会うことがなかったとしても……。〝一期一会〟という文化を育《はぐく》んできた日本人の美意識が、どうやら魅力の法則にも当てはまるようですね。

【吉田松陰】 1830〜59

幕末期の思想家、教育者。長州藩出身。1854年、ペリーの下田《しもだ》来航の際に海外密航を企てたが失敗、萩の野山獄に幽閉された。57年、藩の許しを得て松下村塾を開き、尊王攘夷運動の指導者を多数教育した。安政の大獄により、江戸伝馬町の牢で刑死。

豊臣秀吉《とよとみひでよし》が部下800人の名前を覚えた理由《わけ》

「相手の自己重要感を満たす」……その一点だけで、とんでもないものを手に入れてしまった人物がいます。彼が手にしたのは、日本国。そう、とんでもないものを手に入れた人物とは、天下統一を果たした豊臣秀吉です。

地盤、看板、カバン……選挙にはこの3バンが必要であると言われます。地盤とは支持者の組織、看板は知名度、カバンは選挙資金を意味します。

もちろん戦国時代は、現代の選挙事情とは異なりますが、貧しい農民の家に生まれ、地盤、看板、カバンのすべてと無縁だった秀吉が、どのようにして天下を手中に収めたのかといえば、理由はこのひとことに尽きるでしょう。

「相手の自己重要感を満たすことで、みんなに応援される存在になったから」

草履《ぞうり》取り時代の秀吉のエピソードはあまりにも有名ですね。寒い雪の日に、織田信長《おだのぶなが》の草履を懐《ふところ》に抱いて温めた、という話です。

でも実は、このとき、信長は秀吉が自分の草履を尻に敷いていたと早とちりし、ぶっ飛ばしたらしいのです。ところが、秀吉はひとことも言い訳をせず、翌朝、また懐に入れて温めた、するとまた信長が怒る……。こんなことを何度か繰り返したといいます。

何度怒っても秀吉がやめないので、さすがに信長もおかしいと思い、秀吉に尋ねました。秀吉はこのチャンスを待っていたのでしょう。

「お館《やかた》様の草履を、懐に抱いて温めていました」

着物の胸元を広げると、そこにはなるほど、泥がついています。なんとも演出効果抜群、他人に対して厳しい信長の目にも、「かわいいヤツ」と映るわけですね。自分が足につけるものを、目の前の秀吉は胸に抱いて温めてくれたわけですから、信長の自己重要感はググーッと高まったはずです。

そんな秀吉に、活躍の場が与えられないわけがありません。草履取りという雑用係から足軽、侍、さらに侍大将へ……。相変わらず信長の自己重要感を満たしながら、部下ができれば、部下たちの自己重要感を満たし、妻はもちろん、城持ち大名になってからは、側室《そくしつ》の自己重要感も満たしていきました。

一説によると、天下人となった秀吉には、300名の側室がいたと言われていますが（毎日順番に会っても1年近くかかるなんて、なんともスケールが大きい話ですね！）、彼女たちとの間で交わされた手紙からは、細やかな愛情が感じられます。側室たちは、初めは秀吉の権力の前にひれ伏したのかもしれませんが、秀吉との親交が続くうちに、少しずつ自己重要感が満たされていったのではないでしょうか。

無能唱元《むのうしょうげん》先生の『人蕩《たら》し術』（日本経営合理化協会出版局）には、姫路城をあずかっていた頃の秀吉のエピソードが描かれています。

秀吉は、夜、城を見回る際に、部下のことを名前で呼んだ、そしてその部下の年老いた母親の体調まで気にかけていたといいます。姫路城に詰めている兵の数は、約８００。その中の一人にすぎない自分を、秀吉は８００分の1と見ているのではなく、かけがえのない存在と思ってくれている。

「殿の御馬前《ごばぜん》で死んでも悔いはない」

と、部下たちは心を震《ふる》わせたことでしょう。

しばしば私たちは、信長、秀吉、家康という、天下獲《と》りにからんだ3人の武将を比較しますが、他の2人と秀吉の間には決定的な違いがあります。それは、信長と家康が殿様の子どもで、生まれながらにして「わが命に代えてでも若君をお守りする」という譜代《ふだい》の家臣を持っていたのに対し、貧しい農家に生まれた秀吉には、譜代の家臣が1人もいなかった、ということです。

そこから秀吉が身をおこし、ついに天下人となれたのは、相手の自己重要感を満たすというただ一点で、相手に命を差し出させてしまう、という離れ業をやってのけたからです。秀吉の人蕩し術、畏《おそ》るべしです。

もちろん現代では、誰かのために命を差し出すことなんてありませんが、大切な人や恩人に頼まれたら、その内容を聞かないうちから「どんなことでも引き受ける」と心に決めている、そのようなケースは多々あるのではないでしょうか。

松陰の場合は、弟子たちの自己重要感を満たすことで、彼らが大きく羽ばたくきっかけをつくりましたが、秀吉の場合は、みんなから愛され、応援されるようになり、それが自分自身の人生を切り拓《ひら》くことに繋《つな》がりました。

もしかしたら、地盤、看板、カバンも、誰かから与えられるものではなく、自分の手で育《はぐく》んでいくものなのかもしれません。**常にご縁を大切にし、目の前の相手に全力投球する**

ことで、相手の自己重要感が満たされ、その人が物心両面から応援し、支えてくれる存在になっていく……。

何ごとも自分次第、人生は捨てたものではありませんね。

【豊臣秀吉】 1536〜98

安土桃山時代の武将。1535年、織田信長の小者となり、次第に重用される。本能寺の変の際にいち早く対応して明智光秀を倒し、以後、清洲会議を経て信長家臣団の中での存在が著しく大きくなる。90年、小田原征伐に続き奥羽を平定し、天下統一を達成。

坂本龍馬《さかもとりょうま》の自作の歌に込められた深い意味

ここまでで、相手の自己重要感を満たすことがいかに大切か、ご理解いただけたと思います。

けれども、重要だと理解はできても、正直、それを実践するのは容易ではありません。それは、自分の自己重要感が満たされていないからです。

そして、自分の自己重要感を満たしたいがために、自慢したり、相手を貶《おとし》めたりして、相手の自己重要感を満たすのとは真逆の言動を選択してしまうのです。その結果、相手からは大切にされず、自分の自己重要感はズタズタ……。

本来、人間関係は「鏡の法則」が成り立つと言われます。相手を笑顔にすれば、自分も気分が良くなり、笑顔になれる。自分が与えたものが、自分に返ってくるのです。先に自分が満たされてから相手を満たそうと思っても、そんな都合のいい相手にはなかなか巡《めぐ》り合えませんし、現実はそんなふうにうまくはいかないものですよね。

誰かに自慢したり相手を貶めたりせずに、**自分自身で自己重要感を満たすことができるよ**

うになれば、それはまさに生き方の達人！　そんな方法があれば、ぜひ知りたいところですよね。

もちろん、仕事や趣味の世界で十分に自己表現ができ、高い評価が得られれば、自《おの》ずと自己重要感は満たされるでしょう。あるいは、ボランティアなど人の役に立つ行ないをすることで、誰かに喜ばれる存在となれば、自己重要感は高まります。

でも、これらの方法は、自分の状態がよければ行動に移しやすいのかもしれませんが、自分の自己重要感が失墜《しっつい》しているときには、なかなかうまくいかないのではないでしょうか。仕事や趣味の世界で自己表現するというのは、才能や運が必要かもしれません。また、相手に感謝してほしくてボランティアを始めた場合、相手から思った通りの反応が返ってこないために、腹を立てているようなケースを見たことがあります。相手に期待せずに無償で与えるというのは、かなりハードルが高いですよね。

では、座禅を組んだり、滝にうたれたり、何かの修行に励んだりする、という方法はどうでしょうか。瞑想《めいそう》や写経もいいかもしれませんね。日々、修行に励めば、悟りのような境地に達し、自己重要感を満たそうとすること自体がちっぽけなことに思えてくるのではないでしょうか。

坂本龍馬が使っていたと思われる手鏡
（背面に「GOOD LUCK KAIENTAI」と刻まれている）

こうなったら、この世のすべてを超越し、すべての悩みから解放されそうですが、毎日やるべきことをたくさん抱えている現代人には、これも厳しいと思うんです。

そこで、私のおすすめの方法をご紹介します。

「世の人は　我《われ》を何とも　言わば言え　我《わ》が成す事は　我《われ》のみぞ知る」

これは、坂本龍馬が作った歌です。

幼い頃の龍馬は、弱虫で寝小便タレ、勉強も運動も出来が悪く劣等生だったと言われていますから、そのような目で龍馬を蔑《さげす》む人や心配する人がいたのかもしれません。

きっと龍馬は、自己重要感がズタズタになるたびに、この言葉を心の中で繰り返し唱《とな》えていたのでしょうね。龍馬がこの歌を作ったのは、10代のときと言われています。

私の場合は、家族や友人に自分の気持ちをうまく伝えられず歯がゆい思いをしたとき、先輩から仕事上のミスを厳しく注意され、へこんだとき、いつもこんなふうに自分に言い聞かせてきました。

「大丈夫！　西郷《さいごう》さんだけは、私の気持ちをわかってくれているから」

そうすると、気持ちがスーッと落ち着いて、必要以上に傷ついたり相手を怨《うら》んだりせずにすみました。

これらは自己暗示の一種と言えるでしょうが、**根拠のない自信を持つことは、自分の自己重要感を満たすうえで、ひじょうに大切**です。

あの釈迦《しゃか》が「天上天下《てんじょうてんげ》、唯我独尊《ゆいがどくそん》」と唱えたのも、要するに自己暗示であり、その言葉が自分の身体《からだ》に染《し》み入るとき、どのような状況にあったとしても、瞬時に心が澄みわたっていったのではないでしょうか。

誰かに褒《ほ》められたり大切にされたら自己重要感は高まりますが、相手の助力がなくても、自分で自己重要感を満たすことのできる術《すべ》を得られれば、かなりストレスから解放されると思います。そうなれば、相手の自己重要感を満たすこともできるようになり、豊かな人間関係のもと、さらに素敵な人生になっていきそうですね。

【坂本龍馬】 1835〜67

幕末の志士。土佐藩出身。1862年に脱藩して江戸に出、幕臣・勝海舟門下に。長崎に日本初の商社と言われる亀山社中（後の海援隊）をつくり、薩長連合や大政奉還など幕末史に影響を与えたとされるが、京都の近江屋で盟友・中岡慎太郎とともに暗殺される。

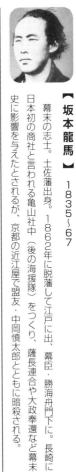

戦国の武将・島《しま》津《づ》義《よし》弘《ひろ》に学ぶ究極のモテの方程式

「魅力の法則」はご理解いただけたと思いますが、では、魅力的な人は必ず異性にモテるのでしょうか？　結論から述べると、魅力だけでは不十分なんです。

実は、究極のモテの方程式が存在するのです。

あるテレビ番組で、恋愛指南役の方が紹介していらっしゃいましたが、結婚コンサルタントをしている私の経験からいっても、まったくその通り！　「究極」というくらいですから、この方程式を理解して実践すれば、異性からも同性からもモテるようになりますよ。

「魅力×スキ（隙）＝ギャップ」

これがモテの方程式です。つまり、スキがあるからこそ、魅力がより一層輝くのです。

ギャップが際立つ歴史上の人物をご紹介しましょう。

「島津に暗君なし」と言われ、鎌倉時代の守護に始まり、連綿と続く武門の名家・薩摩《さつま》（現在の鹿児島県と宮崎県の一部）の島津家。その歴代当主の中でも、島津義弘は傑出した存在です。

戦国時代、義弘率いる島津軍は、九州を席巻《せっけん》しました。さらにその後、秀吉の朝鮮出兵に際しての奮闘ぶりが、彼の武名を揺るぎないものにしました。泗川《しせん》の戦いにおいて、数万（一説には20万）の明《みん》軍に対してわずか7000の軍勢で勝利したという伝説を生み、明軍から「鬼石曼子《グイシーマンズ》（＝「鬼《おに》島津」という意味）」と呼ばれ、怖《おそ》れられたのです。

その義弘に新たな伝説が加わったのは、天下分け目の関ヶ原の戦いでした。

戦いが起こる直前、たまたま大坂にいた義弘は、国許《くにもと》・薩摩《さつま》との間で意思疎通が十分に図れないまま、わずか1000人の手勢を引き連れ、なりゆき上、西軍に加担することになりました。

けれども意思統一がなされていない西軍の内情を知ると、義弘は事前に「負け」を感じ取ったのでしょう。関ヶ原の開幕から終幕までおよそ6時間の間、島津軍は一発も弾《たま》を撃つことはありませんでした。

戦いが終わって、島津軍は退却しなければなりません。ところが、敵の中で孤立した島津軍には、退《の》き口《ぐち》がありませんでした。

このとき、名将・島津義弘は、家康に対して、壮絶な退却戦を挑《いど》みました。西軍が総崩れとなったのを見届けた義弘は、なんと敵陣を中央突破して退却するという、前代未聞の賭《か》けに打って出たのです。

もちろん東軍も、自分たちの目の前を突破していこうとする島津軍を、指をくわえて見ていたわけではありません。東軍の10万近い軍勢が、わずか1000人の島津軍目がけて、総がかりで襲《おそ》いかかります。

この絶体絶命のピンチを前に島津軍がとったのが、「捨てがまり」と呼ばれる戦法でした。殿《しんがり》の中から小部隊が留《とど》まって戦い、追ってくる敵を足止めさせる、それが全滅すると、また新たな小部隊が退路に残る……。これを繰り返して時間稼ぎをする間に、味方の本体を逃げ切らせるという、壮絶な戦い方です。

足止めのために残る部隊は、本体を逃すために全滅するまで戦うのですから、いわば「十中十死」。実際に、義弘の甥《おい》・豊久《とよひさ》をはじめ名だたる武将が次々と討死《うちじに》し、多くの兵が犠牲になりましたが、逆に、この戦法をとったがために、島津の兵はことごとくが死を覚悟した「死兵《しへい》」と化し、大将の義弘ただ一人を生きて薩摩に帰すべく、戦い抜きました。

その結果、東軍の井伊直政《いいなおまさ》や松平忠吉《まつだいらただよし》は、追撃するという有利な立場にありながら重傷を負い、義弘自身は奇跡ともいえる敵中突破に成功したのです。

義弘が敵の追撃をかわし、伊勢路の山中から甲賀、奈良を駆け抜け、大坂にたどり着いたとき、1000名の兵士が、わずか80人になっていたと言われています（退却ルートに関しては諸説あります）。


勇猛な武将として、朝鮮の陣や関ヶ原でその名をとどろかせた島津義弘。ところが、彼のプライベートに目を移すと、勇将のイメージからかけ離れた、とてもかわいく茶目《ちゃめ》っ気《け》たっぷりな面があることに、驚かされます。

義弘は、意外なことにとても筆まめで、妻との間で交わされたラブレターが、今も残っています。

彼は戦陣から事あるごとに妻に手紙を出しているのですが、それに対する返事がないと、拗《す》ねたりもしています（笑）。手紙の内容はというと、「軍勢も少なく、お金もないので、面目がたちません」というような弱音や愚痴《ぐち》もあるのですが、中には恋人同士のような甘い文面もあるんですよ。

「昨晩、あなたの夢を見ました。たった今まで、本当に会っていたような気持ちです。何かいい便りがあった折には、いいえ、同じことであっても構いません、どうか度々《たびたび》、手紙を出してください」

これは、上方《かみがた》から薩摩に宛てたもの。若かりし日の手紙と思いきや、このとき、義弘はすでに50歳を超えていました。

朝鮮出陣の折には、諸将が現地で精一杯はたらくように、秀吉は、彼らの妻を人質として伏見《ふしみ》（現在の京都市伏見区）に集めましたが、はじめて国許の薩摩を離れる妻に、義弘はこんな優しさ溢《あふ》れる手紙を届けています。

「私の渡海《とかい》のことなんかより、旅慣れないあなたに何か起こらないか、そのことの方が心配です。朝も夜も、あなたのことを思っています。伏見に着いたなら、こちらへの便があり次第どうか、すぐに様子を知らせてください。私からも手紙を送ります」

さらに、朝鮮在陣中に出した手紙はこちら。

「3年も朝鮮の陣中で苦労してきたのも、島津の家や子どもたちのためを思えばこそだが、もし自分が死んでしまったら子どもたちはどうなるだろうと思うと涙が止まらない。お前には多くの子どもがいるのだから、私が死んでも子どもたちのためにも強く生きてほしい。そうしてくれることが、1万部のお経を読んでくれるより嬉しい」

幸い、朝鮮で命を落とすことはありませんでしたが、ここには、敵を震《ふる》え上がらせ数々の伝説に彩《いろど》られた猛将の姿はなく、ただひたすら家族を思う、愛情深い一人の男の姿があるだけです。

武士道って、男に強さや潔《いさぎよ》さを求めますが、実は、江戸時代の武士や明治の男たちは、よく泣くんですよね。むしろよく泣くから、いざというときに強かったのではないでしょうか。そしてそんな男の涙が、歴史をつくってきたんですよね。

その**弱い部分を見せることのできる夫婦関係って本当に素敵**だと思うし、それを恥ずかしがらずに出せる義弘という人は、ギャップがあって、ものすごくかわいいと思います。

家督を継いだ息子の家久《いえひさ》は、家臣の殉死《じゅんし》を禁じましたが、義弘が85歳で死去した折には、13名もの殉死者が出たそうです。「この殿のためなら……」と周りの人々に思わせるだけの深い愛情と人間的な魅力が、義弘には備わっていたのでしょうね。

【島津義弘】 １５３５〜１６１９

安土桃山時代の武将。１８５７年、豊臣秀吉から大隅（鹿児島県）を与えられる。文禄・慶長の役の際には華々しい殊勲をあげる。関ヶ原の戦いでは西軍に加わったが、退却の際に徳川家康の本陣前を突破、その勇断をたたえられた。帰郷後は藩政に尽力した。

坂本龍馬の欠点こそ、愛されるポイントだった

こうしてギャップについてあらためて検証してみると、その人の強みと弱みのバランスがとても大事だということに気がつきます。逆に言えば、**短所や欠点こそがギャップを生む源**《みなもと》**であり、愛されるポイント**でもあるということです。

短所や欠点が人を惹《ひ》きつけた事例として、真っ先に浮かぶのは、坂本龍馬です。

龍馬は、一介《いっかい》の土佐《とさ》（現在の高知県）脱藩浪士だったにもかかわらず、幕末・維新史に大きな役割を果たし、歴史を動かしました。

なぜ龍馬にそのような働きができたのかというと、それは、自分と同じ立場の志士たちだけでなく、幕臣の勝海舟《かつかいしゅう》からも、身分のかけ離れた越前福井藩主《えちぜんふくいはんしゅ》・松平春嶽《まつだいらしゅんがく》からも、そして京の祇園《ぎおん》や長崎の丸山《まるやま》など色町の女性たちからも、深く信頼されたからだと思うのです。

つまり、異性・同性を問わずモテたから、あれだけの仕事ができたのです。

龍馬と勝海舟の出会いは劇的でした。当時、攘夷《じょうい》を唱えていた龍馬は、開国論者である

勝海舟を斬《き》ろうと思って、勝の屋敷に乗り込んでいくのです。勝海舟に会って、この目と耳で勝の人となりを確認して、本当に日本のためにならない人物なら、その場で叩き斬ってやろうと、意気込んで出かけて行きました。

ところが、勝の話を聞くうちに、逆に感心し感動して、その場で180度方向転換し、なんと勝海舟に弟子入りしてしまったのですから、笑えます。

そして、勝も、幕臣という立場上、自分はなかなか思い切ったことができないけれども、自由な龍馬ならそれができると、龍馬に期待し、全幅《ぜんぷく》の信頼を寄せるのです。勝海舟にとって、龍馬との出会いは、まるで翼を得たような、希望に満ちたものであったに違いありません。

龍馬と勝がここまで打ち解けたのは、初対面で龍馬が「本当は勝先生を殺そうと思って訪ねて来ました」ということを、カミングアウトしたからなんですね。これは、龍馬がバカ正直というよりも、「この人にウソはつけない」と瞬間的に感じ、勝のふところに飛び込んでいったということでしょう。

人間関係は鏡、**こちらが胸を開いて相手のふところに飛び込めば、相手もそれに応《こた》えてくれるんですね。** 私はこれを **「ふところダイビング」** と呼んでいます。

勝と並んで、坂本龍馬の活躍の場を広げた人物として、越前藩主・松平春嶽が挙げられます。春嶽は徳川一門ですから、当時の武家社会の中でトップ10に入るような人です。その貴人が、一介の脱藩浪士の龍馬をこのうえなくかわいがって、龍馬のためにいろいろ便宜を図るのです。

松平春嶽に初めて龍馬が会う場面でも、微笑《ほほえ》ましいエピソードがあります。

龍馬は、殿様である春嶽に対しても、物怖《ものお》じすることなく、マイペースだったようです。そして、自分は、今でこそ北辰一刀流《ほくしんいっとう》の免許皆伝《かいでん》の腕を持っているけれど、幼い頃は、よく寝小便をして、泣き虫で、いつも鼻水を垂《た》らしていて、勉強も運動もできずに友だちからずっとバカにされてきたことを、おもしろ可笑《おか》しく語ったのです。もしかしたら、乙女《おとめ》ねえさんが龍馬を紐《ひも》でしばり、その紐を竿《さお》にかけ、川で水泳の特訓をさせられた……なんていう話も交えたかもしれません。

そんな話を、育ちのいい春嶽は「ほほほ」と上品に笑いながら、いつまでも聞いていたそうです。

人から笑われたり馬鹿にされたり、劣等感を感じさせられるような少年時代の経験は、トラウマになってもおかしくない、暗い過去ですよね。そういう過去を、そして自分の欠点を、龍馬はちゃんと受け入れ、人にもそれらを包み隠さず見せているんですね。

欠点があるがゆえに愛される。これ以上強い立場って、ないんじゃないでしょうか。**欠点を見せずに、取り繕《つくろ》って付き合う人間関係ではなく、「その欠点が好き」って思ってもらえるというのが、史上最強の人間関係**じゃないかな、と思います。龍馬は、ネットワークづくりの天才ですね。

また龍馬は、京や長崎の色町では、いつも機嫌《きげん》よくお酒を飲みながら、大声で歌っていたそうです。

龍馬率いる海援隊のいろは丸が、紀州藩（現在の和歌山県）所有の明光《めいこう》丸と激突、沈没したときのことです。主な事故原因は、明光丸の操船ミスにあり、紀州藩側に非があるのですが、何と言っても相手は大藩であり、しかも徳川御三家の一つです。下手をすれば、幕府の威光を振りかざす紀州藩のペースにのせられ、海援隊側が泣き寝入りするような事態に陥《おちい》るかもしれません。

そこで龍馬は、一計を案じ、長崎・丸山の芸妓《げいぎ》たちの助けを借りて、「船を沈めた紀州藩はつぐないをせよ」という趣旨の歌を流行《はや》らせました。要は、紀州藩がのらりくらりとかわし賠償金逃れをしないように、世論操作を行なったのです。

実際に龍馬がつくった歌が、これだと言われています。

「船を沈めたそのつぐないに、金を取らずに国をとる」

きちんと賠償しなければ、紀州藩と一戦交えることも辞《じ》さないと、覚悟を見せたわけです。

この結果、長崎の町民たちが海援隊士らに紀州をやっつけろと励ましに来るなど、大いに効果が上がったようです。そして日本初の海難審判が行なわれ、紀州藩から海援隊を管轄する土佐藩に、多額の賠償金が渡ったのです。

自分が長崎の人々に愛されていることを十分に知ったうえで、人々が覚えやすい歌を作って世論操作を行なうなんて、龍馬の交渉術は、私たちも見習うべき点が多々ありますね。それにしても、この話がおもしろいのは、龍馬が、実は大の音痴《おんち》だったということです（笑）。

音痴な龍馬が恥ずかしげもなく、むしろいつも気持ちよさそうに歌っている。そんな姿が人々を惹《ひ》きつけ、龍馬は丸山一の人気者になっていったのでしょう。音痴でも、それで相手が笑顔になるなら、自分はいくらでも喜んで恥をかくぜ……そんな気持ちだったんじゃないでしょうか。

普通は、短所や欠点が表に出れば人から嫌われる、あるいはバカにされると思い、なるべくそれを隠そう、隠そうとしますよね。でも、短所や欠点があるからこそ人に愛される……それもまた真実なんです。

義弘は、家族や家臣に対して、飾ったり見栄《みえ》を張ったりせずに、素《す》のままの自分をさらけ出しました。そして龍馬も、欠点を含めて自分を受け容《い》れ、素直に自己表現しています。

2人に共通するのは、完璧な人間を演じるのではなく、適度に〝スキ＝かわいさ〟を見せていることです。それが、さらに2人の魅力を輝かせているのですね。

デキるあなた、頑張っているあなたは、カッコいい。でも、ダメダメなあなたも、かわいいのです。よけいなプライドは捨てて、素の自分に正直になりましょう。「素に敵《かな》わない」から、〝素敵〟なのだと思いますよ。

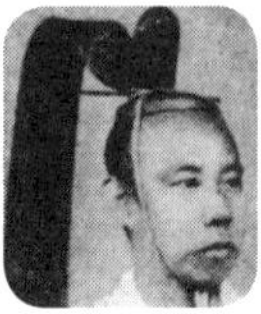

【松平春嶽】　1828〜90

第16代福井藩主。幕末の四賢侯の一人と謳われる。幕府大老・井伊直弼《なおすけ》と意見を異にしたため、安政の大獄で蟄居《ちっきょ》・閉門を命じられたが、1860年の桜田門外の変の後、赦免となる。その後、将軍後見職の一橋慶喜と協力して公武合体を進めた。

短所と長所は背中合わせ――武市《たけち》半平太《はんぺいた》の場合

では、短所や欠点が、人に嫌われる場合と愛される場合、そこにはどんな法則があるのでしょうか。この点について、考えてみたいと思います。

私はいま、全国各地で歴史にまつわる講演をさせていただいていますが、講演を聞いてくださった方から、よくこんなふうに声を掛けられるんです。

「僕は平成の龍馬になりたいです」

ブームは必ず去りますが、龍馬人気は陰りを見せません。もはや龍馬の人気というのは、ブームではなく、日本人の国民感情に近いのかもしれませんね。

その龍馬の引き立て役になってしまっている感があるのが、龍馬の友人でもある、土佐勤皇党の領袖《りょうしゅう》・武市半平太《たけちはんぺいた》です。龍馬ファンからは、「器《うつわ》が小さい」「神経質」「融通《ゆうずう》が利《き》かない」などと散々に評価されることもあります。

半平太に憧れ、彼を心から慕ったのが〝人斬《き》り以蔵《いぞう》〟と呼ばれた土佐藩の郷士《ごうし》・岡田《おかだ》以蔵ですが、確かに、身分が低く教養も節操もない以蔵に対する半平太の態度は、彼にますます劣等感を抱かせてしまい「リーダーとしてどうよ⁉」と言いたいところはあります。

以蔵と同じように無学で、人々から〝人斬り〟と呼ばれ怖れられた薩摩藩の桐野利秋《きりのとしあき》（当時は中村半次郎《なかむらはんじろう》と名乗っていました）。彼は西郷隆盛を師と仰いでいました。桐野利秋が、以蔵と似たような立場にありながら、劣等感を抱くことなく堂々と生き生きと自分の人生を生きたことを思うと、西郷隆盛と武市半平太という2人の師の性格の違いを感じるのですが、でも、私にはけっして半平太の器が小さかったとは思えないんですね。第一、器の小さな男が、土佐勤皇党を興《おこ》して、200名近くの男たちを束《たば》ねることなんてできないですよね。

事実、半平太の人物評として「一枝《ひとえだ》の寒梅が春に先駆けて咲き香る趣《おもむき》があった」「人望は西郷、政治は大久保《おおくぼ》（利通《としみち》）、木戸《きど》（孝允《たかよし》）に匹敵する人材」といった言葉が残されていて、爽《さわ》やかで高潔な人物であったことが想像できます。さらに見た目は色白・美形・堂々たる体格（180cm前後）であったと伝えられ、かの有名な『月形《つきがた》半平太』のモデルにもなったほどです。

半平太は剣の腕も一流で、龍馬と同時期に江戸で剣術修行をしています。龍馬が修行したのは千葉定吉《ちばさだきち》道場ですが、半平太が選んだのは、桃井春蔵《もものいしゅんぞう》道場。師匠の春蔵は、半平太の腕と人物を見込んで免許皆伝《かいでん》を授けたうえ、塾頭に指名しました。桃井道場は、酒と女に溺《おぼ》れる塾生がいて風紀が乱れていましたが、塾頭となった半平太が自《みずか》ら模範を示し、至誠《しせい》を持って説諭したので、弊風《へいふう》は改まり、塾生の技量も上達したそうです。

また、後年、半平太は、土佐藩の参政《さんせい》（家老の異称）・吉田東洋《よしだとうよう》暗殺の嫌疑《けんぎ》をかけられ、投獄されますが、罪人であるにもかかわらず、獄吏《ごくり》たちが半平太の人物に傾倒し、敬《うやま》ったと言われます。このあたりのいきさつは、吉田松陰の場合とよく似ていますね。

このように、半平太の「器が小さい」という評価に関しては、反論できる材料が揃《そろ》っているのですが、「融通が利かない」「神経質」という面は、どうでしょうか。実は「融通が利かない」「神経質」という半平太の短所は、「愛した女性をけっして裏切らない」という、男としての最大の魅力の一つに繋《つな》がっているんです。

武市夫妻には子どもがありませんでした。「跡継ぎがいない」というのは、当時にあっては、離婚の正当な理由にもなるぐらいの重大事。

武市家の行《ゆ》く末《すえ》を案じた土佐勤皇党の吉村寅太郎《よしむらとらたろう》は、富子《とみこ》夫人に「子なきは去る」という女の七去《しちきょ》（夫が妻を離縁できる7つの事由）を説き、実家へ帰ってもらうと、若くて美しい女性に半平太の身の回りの世話をさせました。寅太郎は、半平太と富子夫人の間に子が授からないのなら、他の女性との間に子をもうけ、その子を武市家の跡継ぎに、と考えたわけです。

けれども、せっかくの寅太郎の計《はか》らいも、半平太には通用しませんでした。半平太はこの女性に指一本触れることはなかったそうです。そこで、寅太郎は、別の女性を武市邸に派遣しましたが、これもまた成功しませんでした。それどころか、寅太郎の計画に気づいた半平太は、彼を叱りつけ、すぐに妻を呼び戻したということです。

維新の志士たちの多くが、妻以外の女性たちにも支えられていたことを考えると、半平太のように、妻一人を心から愛した誠実な男性がいたというだけで、女としては嬉しくなってきますね。

そんな夫に対する富子夫人の献身的な愛情も、また素晴らしいのです。

半平太は、吉田東洋殺しの嫌疑で切腹を申しつけられることになりますが、投獄されていた1年9カ月の間、彼女は、夫の苦痛を思い、「自分もその痛《いた》みを共有したい」と、板の間に臥《ふ》し、夏も蚊帳《かや》を吊《つ》らずに過ごしたといいます。そして、毎日欠かさず食事を差し入れたとも……。

この間、2人の間で交わされた書簡が残っていますが、そこに見られるお互いの愛情の細やかさには、誰もが心打たれるでしょう。半平太は、36年という短い生涯を閉じますが、切腹の際に身につけたのも、富子が縫いあげて届けた死装束《しにしょうぞく》でした。

半平太の人物像を知って、気づいたことがあります。それは、**短所と長所は背中合わせ**、ということです。

例えば、「几帳面」と「神経質」。実はこれ、私の友人に対する周りの人の評価なんです。彼女は、部屋はいつも綺麗に片づいていて、髪の毛一本落ちていません。ノートを見ると、大きさも形も整った美しい文字が並んでいます。

そんな彼女に対して、「几帳面」と「神経質」という2通りの評価があるわけです。「几帳面」という語感は、それがその人の長所として伝わりますが、「神経質」という語感は、それがあたかもその人の短所であるかのように伝わります。

部屋や文字が美しく整っているということは、果たして彼女にとって「長所」なのか、「短所」なのかというと、本来は、長所でも短所でもない、彼女の「個性」、「特徴」なんだと思います。その「個性」が、ほどよく表現されれば、それは相手の目には長所として好もしく映るけれど、その個性が行き過ぎてしまうと、「短所」あるいは「欠点」として映るのではないでしょうか。

「熱心な人」と「しつこい人」、「大らか」と「大ざっぱ」、「経済観念がしっかりしている人」と「けちな人」、「慎重」と「臆病」……これらもすべて同じで、ほどよく表現されれば長所、行き過ぎれば短所。実は、長所と短所って、表裏一体なんじゃないかなと思います。

だとしたら、私たちは、**短所を直そうとするのではなく、自分の個性や特徴が「ほどよく、いい塩梅《あんばい》に出るように」**って、心がけたらいいですよね。

私の場合、「やきもちやき」という特徴があるのですが、これも、ほどよく出れば「かわいい」と受け取ってもらえます。でも、度を越えたやきもちは、「うざい」と言われてしまいます。不思議なことに、やきもちを隠そうとすればするほど、相手にそれが伝わり、相手は疎《うと》ましく感じるようになります。すると、相手の態度が疑わしいものに思え、不安になって、ますますやきもちをやく……という悪循環に陥るのです。

ほどよくやきもちをやくためには、自分がやきもちやきであるということを、思い切って認めることです。そして、「そんなところもかわいい」と、自分で、自分を抱きしめてあげるのです。いいところも、悪いところも、すべて含めて自分なのですから。

欠点や短所も含めて自分が好き。そう心から思えたとき、短所は長所に変わるのではないでしょうか。

自分が欠点だと思っていたところを「でもそこがかわいい！」って思ってもらえたら、長所を褒められるよりも、もっとずっと嬉しいんじゃないかと思うんです。そして、嬉しいから、ますます自分のことが好きになる。そうすれば、さらに周りの人たちから愛されるようになる……。

良好な人間関係は、自分とのつきあい方がベースになっているのかもしれませんね。そういえば、結婚相談にいらっしゃる方も、自分を受け入れている人はお見合いやパーティーで相手のいいところを見ることができるのに、自分を否定している人は、相手のあら探しに走る傾向があるように思います。

相手の個性を長所と受け取るか、短所と非難するのか。問題は相手にあるのではなく、受け手の自分が愛情をもって人に接しているかどうかなんですね。この点に気づいてから、私自身、人間関係であまり悩まなくなりました。歴史の力って本当にすごいですね。

【武市半平太】 1829〜65

幕末の志士。土佐藩出身。1861年、土佐勤皇党を結成、その首領となる。当時の土佐藩政は公武合体派が握っていたが、その中心人物・吉田東洋を排斥して藩政改革を図る。一時は藩政を動かしたが、藩政は再び公武合体に傾き、入獄・切腹を命じられる。

男はビジョンを語れ！　女は笑顔を磨け!!

ここまでは、異性、同性を問わず、周囲の人たちからモテるために役立つ考え方をご紹介してきました。この章の最後は、魅力アップの最重要課題を男女別でお伝えします。

昨今の日本経済の低迷を反映してか、「収入が低いから結婚できません」とおっしゃる男性が増えています。でも、収入が低いと、本当に結婚できないのでしょうか。

女性は、出口の見えない貧乏がイヤなだけ。

「今はそんなにラクじゃないけど、僕には、将来、こんな夢があって、だからそのためにこんなことを始めたんだ」と、将来のビジョンを語ってくれたら、「この人に賭けてみよう！」と思う女性は、意外に多いのではないでしょうか。

このとき、ポイントになるのは、ビジョンが単なる絵空事《えそらごと》ではなく、「そのためにこんなことを始めた」とか「今こんな勉強をしている」というふうに、〝いま〟とリンクしていること。これだと、説得力が高まりますよね。

モテる男性の条件は、「3つのV」と言われています。

「Vision（ビジョン）」「Vitality（バイタリティー）」「Voice（ボイス）」

女性が恋をするときは、男性の容姿など視覚的な要素よりも、言葉や声といった聴覚的な要素が決め手になることが多いのです。

歴史を紐《ひも》解いても、男の人生は、ビジョンを語ることで開けています。

例えば、西郷隆盛。彼が一介の下級武士から歴史の表舞台に躍り出たのは、名君・島津斉《なり》彬《あきら》に見出《みいだ》されたからですが、そのきっかけとなったのが、斉彬に提出した農政に対する建白書であったと言われています。西郷は、不言実行の代表のような存在ですが、やるべきときには、ちゃんと自分の考えを伝えているんですね。

斉彬は、西郷の志に共感し、彼をお庭番にして、煩雑《はんざつ》な手続きを取らなくても、いつでも自分にお目見《めみ》えできるようにしました。そして、来る日も来る日も世界情勢や日本の取るべき道を伝えたのです。

下級武士の西郷を、薩摩藩の若者たちが心から尊敬したのは、彼の人間性もさることながら、「名君・斉彬が認めた」という事実が大きく影響していたのではないでしょうか。

モテる男性の条件が「3つのV」で表わされるのに対して、**モテる女性の条件は、「3つのS」**と言われます。「Smile（スマイル）」「Support（サポート）」「Service（サービス）」です。

女性が聴覚的要素で恋をする傾向があるのに対して、男性は視覚的要素を重視します。視覚的要素といっても、「美人が好き」というような単純な話でなく、**男性は、自分の言動に対して女性がどんなリアクションをとるのかが、気になるのです。**

メンタルトレーナーとして名高い西田《にしだ》文郎《ふみお》先生によると、男性の精神年齢は、6歳でストップするそうです。大人には理性があるので、子どものように極端な言動となって表われるわけではありませんが、西田先生の理論が正しければ、男性の心のうちは、幼い男の子を観察していれば、察しがつくということになります。

わが息子が6〜7歳の頃のことを思い出してみました。

その頃、息子は学校から帰ってくるとすぐに、「ママ、あのね……」と話しかけてきました。このとき、私が何か別のこと（電話や食事の支度など）に気をとられていたら、大変！

「ママ、ママ」と呼ぶ声が一層大きくなり、ムキになって私の邪魔をするのです。

ところが、こちらが手を休めて、ほんの数十秒時間をつくり、彼の話に真剣に耳を傾けると、表情が落ち着きます。そして息子の話を聞きながら、笑顔で「へぇ、そんなことがあったんだ!」とか「わぁ、すごいね」と適度に相づちをうつと、息子は満足げな表情を見せ、何も言わなくても宿題をやり始めます。

きっと男性の本質は、女性に見ていてほしい、そして女性に喜んでほしい……というところにあるのでしょうね。つまり女性の喜ぶ姿が、男性のエネルギー源になるのです。


私はよく「おじさんキラー」と言われます。自分にはそんな自覚はありませんが、講演を聞きに来てくださる方の中には、確かに年配の男性も多いんです。まぁ、年配の男性には歴史好きの方が多いですから、自然と接点は増えるんですけど……。

先日も、このような素敵なご縁をいただきました。その方は、有名企業の社長、会長を歴任された80代後半の方で、数年前から第一線を退《しりぞ》かれてその企業の相談役を務めていらっしゃいます。初対面の私が緊張しないように配慮してくださり、適度に笑いを織り交ぜ、会話のセンスが抜群でした。

「僕の趣味はサンゴです」とおっしゃるので、「えっ、サンゴってなんですか。潜《もぐ》るわけじゃないでしょ？」と尋ねたんですね。すると、そのおじいちゃまの答え、「いやいや、囲碁と落語と英語です」。

なかなか素敵な趣味ですよね。それで、「わぁ、素敵な趣味ですね」と告げたら、そのおじいちゃまは小声で「でも、最近はヨンゴなんです」とおっしゃったんです。

私は咄嗟《とっさ》に意味がわからなくて、頭の中でグルグル想像をめぐらせました。ヨンゴ？　もう一個の「ゴ」って何？　介護じゃないよね、介護はされる方だよね……なんて。

もうひとつのゴがなかなか浮かばないので、「ヨンゴって何ですか？」と尋ねたら、そのおじいちゃま、はにかみながらこう答えたんです。「おなご」って（笑）。

私は思わず「わぁ、素敵」と言ってしまったんですね。反射的に、です。これが自分の主人なら、「何言ってるの！」と呆《あき》れるところですが、もう90歳近いおじいちゃんの趣味が「おなご」って、かわいいなぁと思いまして……。

この出会い以降、たびたびその方とお食事をご一緒させていただいているのですが、どうしてそのおじいちゃまが私のことを気に入ってくださったのか、その秘密を知人が明かしてくれました。その知人は、このご縁をとりもってくださった方で、私の古い知り合いでもあり、以前その会社の社長室長をなさっていました。

その元社長室長の話によると、このおじいちゃま、社長在任の頃から、「僕の趣味はヨンゴ」とよくおっしゃっていたそうです。おそらく、このへんなギャグを言うのが趣味になっていたんでしょうね（笑）。

ところが、このギャグに対して、女性のほとんどがリアクションに困ったり、呆れた表情をしたり、露骨に嫌《いや》な顔をしたりするのだそうです。「僕が知っている中で、0・2秒で『素敵』って答えたのは、白駒さんだけだ」って、おっしゃるんですよ。

それで気付いたんですが、男性は、自分が言ったことやしたことを、女性がこんなに喜んでくれるっていうことに、ものすごくくすぐられる。だからリアクションを見ているんだ……、と。

実は私がそのおじいちゃまと初めてお会いしたとき、私はずっと聞き役でした。気の利《き》いたことなんて何も言っていないのに、どうして気に入ってくださったのだろうかと不思議だったのですが、リアクションが良かったというのが理由だったんですね。

女性が「喜んでいる」ということが男性に伝わるって、とても大事なことですね。そしてそれこそが、女性自身を輝かせ、男性をやる気にさせる特効薬なのかもしれません。

ここで「女性の魅力とは何か」を再確認したいのですが、それにはうってつけの人物がいます。江戸・谷中《やなか》の笠森稲荷《かさもりいなり》前にあった茶店の看板娘・お仙《せん》です。

彼女の姿を、浮世絵師の鈴木春信《すずきはるのぶ》が、当時まったく新しい絵画様式である多色刷《ず》り版画「錦絵《にしきえ》」に描いたことで一躍有名となり、この錦絵は、参勤交代で江戸にやって来た武士が国許《くにもと》に帰る際の絶好の土産品《みやげ》として、大人気を博しました。

その人気は、江戸三大美女の一人にも数えられるほどで、家業の茶店は、ひと目お仙に会いたいと詰めかける男性客で大繁盛《はんじよう》、現在の貨幣価値に換算すると1杯50円ほどのお茶を、5杯も10杯もおかわりする人もいたそうです。また、男性だけでなく女性客も多く、彼女の着物の着こなしや化粧のしかたを真似する同性が後を絶たなかったと言われています。

男性たちにとってはアイドルであり、女性たちにとってはファッションリーダーのような存在、それがお仙だったのでしょう。

問題は、なぜお仙がここまで世の男性にモテたのか、ということです。「江戸三大美女」

の一人に数えられるくらいですから、容姿の美しさが人々を魅了した……と、普通は思いますよね？

でも実は、お仙の器量は十人並みだったと言われています。特別美人というわけでもないお仙が、モテにモテた理由。その秘密は、お客さまの話に親身に耳を傾ける「受容力」にありました。

実は、お仙の人気を不動にしたのは、意外なことに、相づちにあったと言われています。彼女は相づちの達人で、入れ替わり立ち替わりやってくるお客さまに笑顔を向け、その話に相づちを打ちながら丁寧に聞いたようです。

大しておもしろくもない話を（おっと失礼）、絶妙のタイミングで相づちをうちながら、笑顔で聞いてくれる……。男にとって、これほど魅力的な女性はいないでしょう。

お仙は、誰に対しても同じように話を聞いていたのでしょうが、彼女に出会った男性は、「自分のためにお仙が真剣に話を聞いてくれている」と舞い上がり、「お仙のためならすべてを投げ打ってもいい」とさえ思うほどでした。

さらに、江戸の商人道の語り部・越川禮子《こしかわれいこ》先生によると、お仙のアルトの声が、人々の心を惹《ひ》きつけたそうです。「アルトの声」というのは、単に低音という意味ではなく、おそらくお仙がいつも穏やかで、ヒステリックになったり声を荒らげたりすることがなかった、ということを示しているのではないでしょうか。

笑顔や相づち、そして安定した魅力的な声は、その人の気持ちが穏やかで落ち着いていればこそ身につくものです。実は外面と内面は、切っても切り離せない関係にあるのですね。

さて、アイドル・お仙のその後ですが、明和《めいわ》7（1770）年2月、事件が起こりました。お仙が、忽然《こつぜん》と姿を消してしまったのです。当時19歳、まさに人気絶頂のときでした。

お仙の突然の失踪《しっそう》に、男性たちは落胆したり、憤慨《ふんがい》したり……。中には「どこに隠したんだ!?」と、茶店の主人に詰め寄るお客もいたようです。

お仙はいったい、どこへ行ってしまったのでしょうか。

実はお仙が姿を消したのは、結婚するためだったのです。お客として店を訪れた、旗本で笠森稲荷の地主でもある倉地甚左衛門《くらちじんざえもん》に見初《みそ》められ、町人の娘・お仙は、武士の妻となりました。相手が一般庶民であれば、姿を消す必要もなかったのですが、甚左衛門が幕府の役職者であったため、不意の失踪として姿を消し、武家の養女となったうえで嫁《とつ》いだのです。

世の男性たちはそんなことを知りませんから、「お仙は神隠《かみかく》しに遭《あ》った」という噂《うわさ》がまことしやかに囁《ささや》かれ、その様子を描いた浮世絵が売り出されれば、噂が噂を呼び、大騒ぎになったということです。

結婚後の彼女は、立派に家を守りながら、9人の子宝に恵まれ、幸せに暮らしたと伝えられています。そして文政《ぶんせい》10（1827）年、当時としては長寿の77歳という年齢で生涯を終えたそうです。

いつの時代もモテる人。男性からも女性からも人気のある人。その普遍の法則は、「相手の自己重要感を満たすことのできる人」。

ただ、自己重要感の満たされ方が、男女によって少し違うのです。男性にとっては視覚的要素が、女性にとっては聴覚的要素が、より重要です。

男性よ、ビジョンを語れ！　女性よ、笑顔を磨け!!

これこそが、歴史が教えてくれる究極の魅力の輝かせ方なのです。

【笠森お仙】 1751(?)~1827

江戸谷中の笠森稲荷門前の水茶屋「鍵屋」の看板娘。1768年ごろ、浮世絵師鈴木春信の美人画のモデルとなり、浅草寺奥山の楊枝《ようじ》屋「柳屋」のお藤、二十軒茶屋の水茶屋「蔦《つた》屋」のおよしとともに、江戸の三美人として江戸中の評判となった。

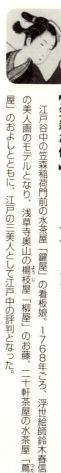

〈第2章〉

賢人に学ぶ 開運の法則

「判官《ほうがん／はんがん》びいき」という言葉をご存知ですか？

「判官」は平安時代の官職の名ですが、「判官びいき」の「判官」とは、この職にあった源義経《みなもとのよしつね》のことを指します。義経が兄・頼朝《よりとも》に憎まれ滅んだことに、人々が同情を寄せたことから、弱者や薄幸《はっこう》の者に同情し、味方したり応援したりすること、またはその気持ちを「判官びいき」と呼びます。

この「判官びいき」、あまり使われなくなってきたところを見ると、日本人の精神性にも変化が生じているのかもしれませんね。

ひと昔前まで、女の武器といえば涙でした。でも今は、涙よりも笑顔でしょう。男性でも女性でも、愛される人物像が、悲劇の主人公から強運の持ち主に変わってきた、と言えるのではないでしょうか。

というわけで、この章では、日本史から開運の法則を導いてみたいと思います。

本居《もとおり》宣《のり》長《なが》の〝パールネットワーク〟

2012年は、『古事記《こじき》』編纂《へんさん》1300年という節目の年でしたから、このタイミングで『古事記』を読み始めたり、古事記講座に参加した人も多かったのではないでしょうか。

『古事記』は、もともと日本語の音《おん》を外来の漢字に当てはめて表記したものなので、使われている漢字自体に意味はなく、現代人の私たちにとっては、ひじょうに難解です。その私たちと『古事記』の距離をぐっと縮めてくれた恩人が、本居宣長《もとおりのりなが》です。

私たちが手にする『古事記』の現代語訳の多くは、江戸時代に本居宣長が著《あらわ》した『古事記伝』がもとになっているのです。宣長の採用した読みや解釈に新しい研究が加えられたり、逆に宣長流の読みや解釈に異論を唱えたものが、現代の『古事記』に関する著述の主流となっています。

『古事記伝』の著者としてその名が知られる本居宣長は、江戸時代を代表する国学者《こくがくしゃ》ですが、学者が本業だったわけではありません。宣長は、伊勢松坂《いせまつさか》（現在の三重県松阪市）の商家に生まれたのですが、夢中になって勉強する我が子を見て、母親は息子が商人には向かないと見抜き、彼を医者にしようと決めたのです。

母は、愛する息子を、医学修業のために京の都へと旅立たせました。ここで宣長は、古典文学の素晴らしさに目覚めたようです。学問として興味を持っただけでなく、京の生活に感化され、王朝文化への憧れを募《つの》らせていったのでしょう。

5年半に及ぶ京都遊学を終え、松坂に帰った宣長は、医院を開業しました。当時の医師は、現代と違って往診が中心です。昼間は、患者の家から次の患者の家へ、さらにまた次の患者のもとへと、多いときで70キロも移動したといいます。その疲れた身体を引きずりながら、寸暇《すんか》を惜しんで、宣長は毎夜、古典の研究に没頭したのです。

そんな彼の日常を一変させる出来事が起こりました。

ある日、馴染《なじ》みの本屋の主人が、宣長にこんな話を伝えたのです。

「先ほど、江戸の賀茂真淵《かものまぶち》先生がお立ち寄りになりました」

「えっ⁉　本当ですか？　それで、真淵先生はどちらへ？」

実は宣長は、名実ともに当代一と謳《うた》われた大国学者・賀茂真淵の著した『冠辞考《かんじこう》』を読み、心から感動し、機会があれば真淵本人にぜひ会って教えを請《こ》いたいと願っていました。その馬淵が、お伊勢参りでここ松坂に立ち寄ったというのです。

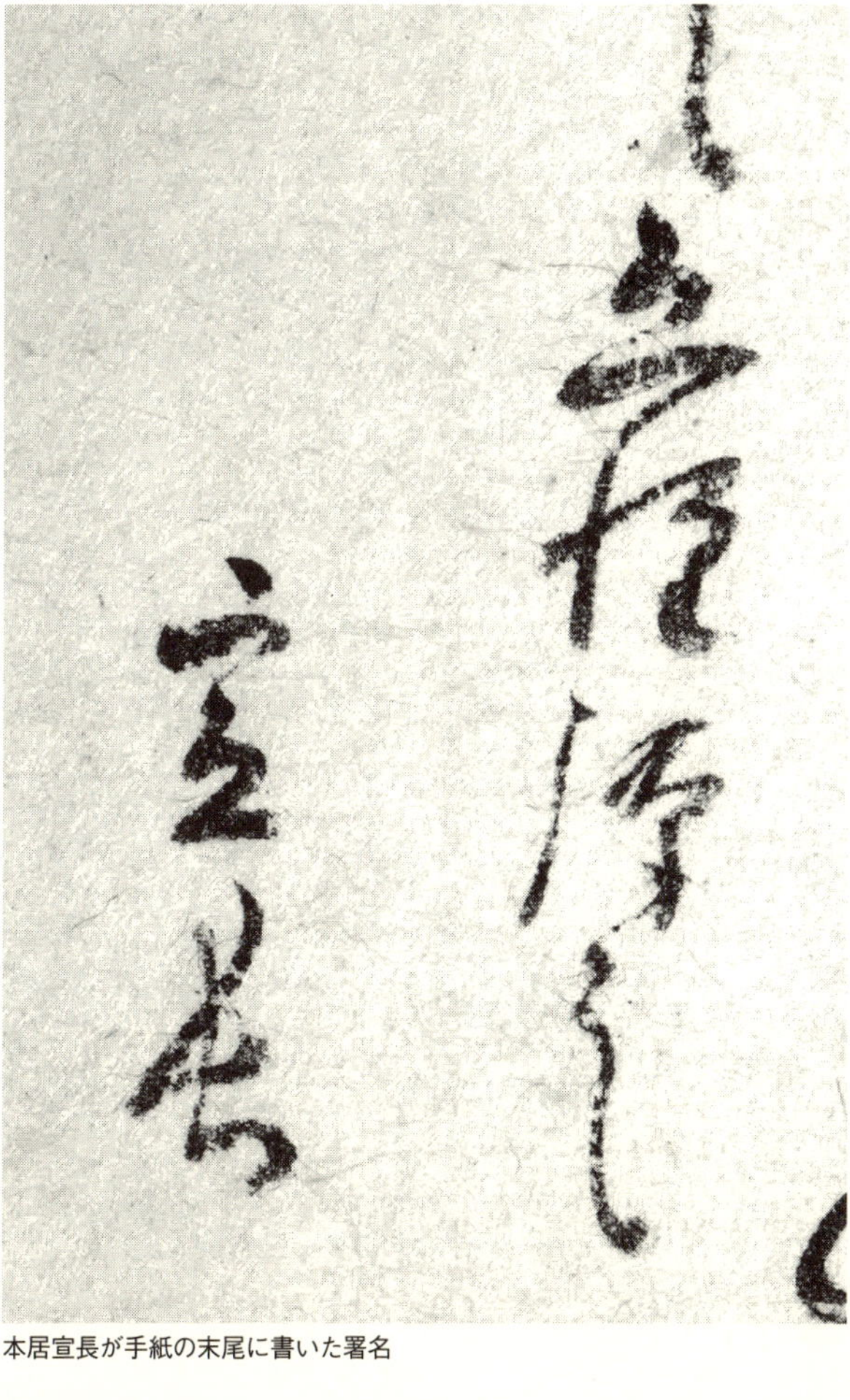

本居宣長が手紙の末尾に書いた署名

宣長はすぐに本屋を飛び出し、真淵の後を追いかけました。けれども、松坂の町のはずれまで行っても、それらしき人を見つけることはできません。さらに次の宿場まで行ってみましたが、ついに追いつくことはできませんでした。

落胆した宣長は、真淵が宿泊していたという旅籠《はたご》に向かい、主人に、もしお伊勢参りの帰りにまた真淵が立ち寄ることがあれば、ぜひ知らせてほしいと懇願しました。果たして真淵は再び松坂に立ち寄るのだろうか。本屋や旅籠の主人の話から、真淵が伊勢に向かう途上だということは摑《つか》みましたが、帰りに再び松坂に、そして同じ旅籠に泊まるという保証はありません。

それでも宣長は、一日千秋《いちじつせんしゅう》の思いで知らせを待ち続けます。そして数日後、ついに宿の主人から待ち焦《こ》がれていた知らせが届きました。真淵先生に会える！「心が躍る」とは、このときの宣長にこそふさわしい表現であったでしょう。

67歳、江戸在住の真淵が伊勢を訪れるのは、おそらくこれが最後。そのギリギリの段階で、大和心のバトンが、真淵から宣長に手渡されようとしているのです。

後に〝松坂の一夜《ひとよ》〟と呼ばれることになる、運命的な出会い。それは宝暦《ほうれき》13（1763）

年の夏の夜の出来事でした。賀茂真淵を訪ねてきたのは、どこの馬の骨ともわからない、無名の青年、本居宣長、34歳。

真淵からしてみれば、面会を断わることだってできたはずです。自分の名声を慕って会いに来る者にいちいち関わっているほど、真淵は暇でなかったでしょうし、何よりも、60代後半での長旅は、体力的にもきつかったはずですから。

ところが、真淵は、この無名の青年医師を部屋に招き入れたのです。当時の日本人には、類《たぐい》まれな豊かな感性が、そして鋭い直感力が宿っていたのでしょう。

心から尊敬する大国学者を前にして、宣長は国学に対する思いのたけを語ります。真淵にすれば、体力の問題から、当初は短い時間だけ面会するつもりでしたが、宣長の一途《いちず》さに引き込まれるようにして、時を忘れ、宣長に請われるまま、教えを説いていきました。

2人が直接会ったのは、後にも先にも、このとき一度きりです。時間にして、おそらく2時間前後ではなかったでしょうか。人生の中でほんの一瞬にすぎないこの出会いが、2人の人生を変えてしまうほどの、永遠の記憶となったのです。

『古事記』を研究したいという、かねてからの思いを宣長が打ち明けると、真淵はありえないほど親身になり、次のようなアドバイスを宣長に与えました。

『古事記』研究とは、素晴らしいところに気づかれた。実は私も、早い時期から『古事記』を研究したいという考えを持っていた。しかし、『古事記』を読むためには〝漢意《からごころ》〟を清く拭《ぬぐ》い、古代のまことの心を理解することが必要であり、そのためには古代の言葉を知ることから始めなければいけない。そこで私は『万葉集』の研究に取り掛かった。それが思いもよらず長い年月を費やしてしまい、『古事記』にまで手を伸ばすことができなくなった。私の人生は、『万葉集』の研究で終わる。けれども、若いあなたが『万葉集』から始め、たゆまぬ努力を続けたなら、きっと『古事記』研究もできるに違いない。ただ、一つ注意しなければならないのは、順序正しく進むということだ。まず土台を作って、それから一歩一歩高く登り、最後の目的に達するようになさい。

20年間料理の修業を積んだシェフが、試行錯誤を繰り返し、やっとの思いでオリジナル料理のレシピを完成させたとします。後進は、そのレシピを自分のものにするまで、当然ながら20年もかからない。すでにそのレシピが存在するところから料理人としての人生を始められるのだから、彼はゴールをもっとはるか遠くに設《もう》けることができる。

真淵の言っている意味は、これと同じことなのでしょう。本来なら自分が『古事記』を研究したかったのだが、そこまで至らないうちに人生が終わろうとしている。自分が成し遂げたことに半ば満足しつつも、その無念さは消し去ることができない。

その人生の灯火《ともしび》が間もなく消えようとしているタイミングで、宣長との出会いが訪れたのです。これこそまさに運命の出会いと、真淵は感じたのでしょう。

真淵は、手紙で指導することを約束し、宣長を門人の一人に加えました。宣長からしてみれば、夢のような展開だったと思いますが、真淵にとっても、「自分の志を継ぐ者は、この若者のほかにいない」と確信を持つにいたった、千載一遇《せんざいいちぐう》の出会いだったのではないでしょうか。

以後、2人は二度と相見《あいまみ》えることはありませんでしたが、松坂と江戸の間で、手紙は頻繁に交わされました。宣長から真淵への手紙には、研究成果や疑問点が綴《つづ》られます。宣長は、コツコツと研究を積み重ねていく、努力家タイプ。例えば、「天地」の読み方が「アメツチ」なのか「アメクニ」なのか、たったこれだけのことを結論づけるのに、数年も費やしたほどです。

一方の真淵は、天才肌。真淵は、「アメツチ」と読むと、宣長の「アメクニ」説を即座に否定します。ところが、真淵に直感でわかることが、宣長には理解できず、どうしてそのように断定するのか、理由をしつこく訊《き》いてくるのです。真淵にしてみれば、なぜ宣長がそこで引っかかっているのか、到底理解できません。

宣長が墨《すみ》で認《したた》めた手紙に、真淵は朱色でコメントを入れ、送り返すのですが、そのコメントを読むと、真淵の怒りやイライラが目に浮かんでくるほどです。

こうして、真淵の宣長に対する通信教育が、およそ6年間続きました。

真淵の言葉があまりに激しいので、「これを受け取った宣長は、どんなに傷ついただろう」と、つい宣長の身になって考えてしまうのですが、逆の見方をすれば、真淵はあまりにも偉大でした。宣長が気の毒に思えてくるほどの情熱を持って、とことん面倒をみているのですから。

宣長からは、おそらく盆暮れの付け届けぐらいはあったでしょうが、いわゆる〝授業料〟はとっていなかったと思われます。自分の後継者として宣長を育てたい、そして大和心《やまとごころ》のバトンをリレーしたいという無私の心で、これだけのことをやってのけたのです。

通信教育が6年で終わったのは、あの運命の出会いのときにすでに高齢だった真淵に死が訪れ、2人を永遠に隔《へだ》ててしまったからです。宣長は、心から尊敬する師匠の死を乗り越え、35年という気の遠くなるような歳月をかけて『古事記伝』を完成させました。

真淵が宣長に託した夢は、ここに完成したのです。このとき、宣長はすでに69歳、松坂の一夜の時点での真淵の年齢をも追い越していました。

真淵には、300名を超える門人がいましたが、その中で、たった一夜人生を交《まじ》えただけの宣長に、真淵が生涯を賭けた夢を託したのかと思うと、胸がいっぱいになります。託した側の眼力《がんりき》も素晴らしいし、託された側の、重圧から逃げずに金字塔を打ち立てた勇気と根気に、喝采を送りたいです。

真淵が宣長にもたらした最大のもの、それは、知識よりも学者としてのあり方だったのではないか、と私は思います。

宣長の著作『玉勝間《たまかつま》』には、「師の説になづまざること」というフレーズが出てきます。「なづむ」とは、雪や雨、または草で先に進めないことを指し、後に、「一つのことにかかずらう」という意味で使われるようになりました。つまり『玉勝間』のこのフレーズは、「師の説の誤りに気づいたら正しなさい、師の説に〝なづむ〟ことなく先に進みなさい」という意味です。実はこの教えは、もともと真淵から宣長に授けられたものでした。

師の説を正すのは、想像以上に大変なことです。他の弟子たちの反発という、高いハードルを越えなければならないからです。それでも、あえてその大変なことをするようにと、真淵は宣長に伝えたのです。

師の説にこだわらず、自分を貫《つらぬ》くということは、言い方を変えれば「師を超える」ということです。たとえ素晴らしい研究を成し遂げた師であったとしても、たとえ**自分を教え導いてくれた恩人であったとしても、彼らを「過去の人」として乗り越えること、それこそがバトンを受け継いだ者の務め**である。そして、自分が師から受け継いだバトンをさらに誰かにリレーすることで、やがて自分自身も「過去の人」となっていかなければならない。

これが、真淵の考えだったように思います。つまり、賀茂真淵という人は、誰よりも未来を信じていたのだと思います。未来に対して確信を持っていたからこそ、「だからお前たち頑張れよ」と、過酷なまでの期待をかけ、門人たちを励まし続けることができたのではないでしょうか。

さて、『古事記伝』を著し、見事に師の期待に応えた宣長ですが、彼の研究は、『万葉集』や『古事記』だけにとどまりません。『源氏物語』の価値を再発見し、「もののあはれ」が日本人の美意識の根底にあるということを提唱したのも、宣長です。

私が高校生の頃に最も好きだった教科は、歴史ではなく古文でした。古文の先生は、『源氏物語』を貫く「もののあはれ」を、伸びやかで生き生きとした〝人生賛歌〟とも言うべき万葉の歌を、そして現代人にも通ずるような古《いにしえ》の日本人の繊細で優美な感性を、魅力たっぷりに語って聞かせてくれました。もっと深く万葉の歌や『源氏物語』を味わいたい、そのために歴史を学ぼう、そう思ったのが、歴史と私の本当の意味での出会いでした。

そして今、私は『古事記』の中にこそ日本人が幸せに生きるヒントが詰まっていると気づき、『古事記』を勉強するようになりました。

今の私をつくってくれている大切なものは、本居宣長という有史に残る大学者がいてくれたからこそ、脈々と現代に受け継がれてきたのです。私は、宣長への感謝から、伊勢に足を向けて寝られない気持ちでいました。

すると、人生とは不思議なものです。2013年秋、その伊勢で講演させていただく機会を得たのです。限られた伊勢滞在の時間の中で、私が迷わず訪れたのは、松阪市にある本居宣長記念館でした。

吉田悦之《よしゆき》館長に声を掛けられ、来館目的を告げました。

「私は宣長さんにお礼を言いたくてここにやって来ました。宣長さんが光を当ててくれたからこそ、『古事記』に登場する神々や、万葉の歌人や、紫式部《むらさきしきぶ》が輝くことができたんだと思います。宣長さんのおかげで、私たちは『古事記』や『万葉集』や『源氏物語』を簡単に手に取り、学ぶことができるんですよね。本当にありがたいことです」

すると、館長さんの口から、思いがけない人物の名前が発せられたのです。

「帆足京《ほあしみさと》をご存知ですか?」

それは恥ずかしながら、私にとって初めて耳にする名前でした。

以下は、吉田館長から伺《うかが》ったお話です。

京が15歳の時、父に連れられ、熊本の山鹿《やまが》から松坂の宣長の元にやって来ました。徒歩での移動ですから、山鹿を出てから2カ月半が経《た》っていたそうです。

帆足親子が、何のためにこれほどの時間をかけ、はるばる宣長を訪ねたのかというと、『古事記伝』を写したい、つまり『古事記』について学びたいという一心からだったのです。

彼女は宣長から『古事記伝』を借りて、宿屋に持ち帰りました。その宣長の厚意に対し、この上なく感謝した京は、雨もりの時にも『古事記伝』を胸に抱きしめ守り抜きました。そして毎日父を手伝い、ついに『古事記伝』を全巻写しとったのです。

お礼の歌を短冊に記《しる》し、『古事記伝』を返却に行きました。すると宣長は、彼女の書いた端正な文字と歌の出来栄えを、たいそう褒めたそうです。

その後、不幸にも彼女は若くして亡くなるのですが、彼女が父とともに書き写した『古事記伝』は、今も郷里の山鹿に残っているとのことです。

吉田館長は、こんな言葉で締めくくってくださいました。

「京は、とりたてて歴史に何かを残したというわけではない、本当に平凡な、そして決して幸せとは言えない短い生涯を送った。でも、彼女の人生の中に、幸福なひと時があったことも事実だと思う。尊敬する宣長先生が自分を褒めてくれたとき、彼女は天にも昇る気持ちだったのではないか。宣長との交流が、ほんの一瞬でも彼女の人生を輝かせたんです。

でも、実は逆のことも言えるんですよね。彼女のような存在があったからこそ、宣長の人生も輝いたんです。

パールネットワークという言葉をご存知ですか？ **パールは一粒でも美しいが、繋がることによって、お互いが引き立て合い、何倍にも美しく輝く。人間もこれと一緒です。**

あなたがおっしゃるように、確かに宣長は、『古事記』の神々や万葉の歌人や紫式部を輝かせました。でも同時に、『古事記』の神々や万葉の歌人や紫式部がいたからこそ、宣長が輝いたのです。

一人の存在がまわりを輝かせ、同時にまわりの人々によって、自分が輝く。時空を超えて誰かを輝かすことができるって、素敵だと思いませんか？」

・人は人に愛され、幸せになるために生まれる。
・人は自分を愛するために成長する。
・人は人を愛し、誰かを幸せにするために生きる。

吉田館長のお話を伺って、そんな思いがわきあがってきました。

【本居宣長】 1730〜1801

江戸時代の国学者。京都で医学を学び、1757年、郷里の伊勢松坂に戻って町医者（主に小児科、内科）を開業。その傍ら学問に励み、64年には『古事記伝』の執筆を開始。30余年をかけて完成させた。著作は他に『源氏物語 玉の小櫛《おぐし》』『玉勝間』など、多数。

空海《くうかい》伝説に隠された、出会い運アップの秘密

空海と最澄《さいちょう》。平安時代に生き、同じ時期に唐に留学したこの2人の僧侶は、今では知らない人もいないぐらい、ともに歴史に燦然《さんぜん》と輝く足跡を遺しています。ところが、2人が生きていた頃、世間の2人に対する扱いには、大きな開きがありました。

天皇の信頼が篤《あつ》く、仏教界に確固たる地位を築いていた最澄が、国費留学生として唐に渡り、国賓のような待遇を受けたのに対し、無名の留学僧《るがくそう》にすぎない空海は、私費での留学を余儀なくされました。

地位や名誉はなくとも、溢れる才能を持つ空海は、すでに留学前から中国語をマスターしていました。入唐から1年、彼の作る漢詩は見事で、「中国人だってあなたのように上手《うま》くはつくれない」と絶賛されるほど。

さらに仏教の経典《きょうてん》をより深く理解するために、古代インドのサンスクリット語を学び、わずか数カ月で自在に操《あやつ》れるようになった空海。その彼が、満《まん》を持して訪れたのが、唐の都・長安《ちょうあん》の青龍寺《しょうりゅうじ》でした。青龍寺の住職・恵果《けいか》は、密教の正統後継者である阿闍梨《あじゃり》の地位にあり、インド直伝《じきでん》の密教を中国人で初めて受け継いでいたのです。

恵果は空海を見るなり、笑《え》みを含んで歓喜したといいます。そして、空海を前にして、恵果が述べた言葉は、あまりにも劇的でした。

「私は前よりあなたが来るのを知って、長いこと待っていた。今日会えて、大いに好《よ》い、大いに好い。自分は寿命が尽きようとしている。しかしながら法を伝えるのにふさわしい人がいなかった。これからすべてを速《すみ》やかにあなたに伝えよう」

恵果は他の弟子が驚くのを制止して、この言葉の通り、弟子入りしたばかりの異国の僧・空海に、自分の持てるすべてを伝える作業を始めました。そして2カ月後、恵果から空海へと、密教のすべての法が伝授されたのです。

実は、これより3年前、自分の死期を悟った恵果は、1000人いる弟子の中から7人を選抜し、彼らに自分の持っている知識を伝えていましたが、最後の伝法灌頂《でんぽうかんじょう》には至っていませんでした。「灌頂」とは、密教独特の法の伝授の儀式のことで、特に密教最高位の法王(大日如来《だいにちにょらい》)を意味する阿闍梨位を譲り渡す儀式を「伝法灌頂」と言います。

20年以上も修行を重ねてきた弟子でさえも「伝法灌頂」には至らなかったのに、なんと空海は、弟子入りしてわずか2カ月で、すべての法を伝授され、「阿闍梨」となり、密教の正統を継ぐことになったのです。

当然、弟子たちの中には、反発する者もいたことでしょう。新参者である空海に対するやっかみもあったでしょうし、それに、空海が帰国すれば、密教の正統は中国を離れて日本に渡ることになるからです。

けれども恵果は、頑《がん》として空海への譲位の意思を曲げなかったと言われています。

この間の空海の努力も凄《すさ》まじいものがありますが、師匠の恵果も、ほぼ不眠不休で奇跡に挑んだのではないでしょうか。病床にある恵果にとって、それがいかにキツイことであったか……。まさに時間＝寿命との闘いだったのではないでしょうか。

恵果の弟子・呉慇《ごいん》によると、2人の様子は、「さながら、一つの瓶《びん》からほかの瓶へ水を移しかえるかのように、すべてを学びとった」ということでした。

空海との出会いからおよそ半年、恵果はその生涯を閉じました。その際に、恵果は、「日本に帰って教えを広めるように」と遺言したと伝えられています。

ちなみに、空海によって密教の正統が日本に伝えられると、1200年もの長きにわたり、日本において密教は一度も衰退することはありませんでした。ところが、唐はやがて国とし

東寺の五重塔。嵯峨天皇から空海に下賜され、真言密教の根本道場となった

て衰退期を迎え、密教も廃《すた》れていきます。その後の歴史を知る私たちは、まるで密教の正統を守るために、恵果と空海が出会ったような気がしてきますね。

ただ、このときの空海と恵果のように、「運命の人はこの人だ！」とお互い直感でわかるような劇的な出会いというのは、稀《まれ》でしょう。多くの場合、**出会いが出会いを呼び、ご縁が繋がっていって、運命の出会いに至る**のではないかと思います。

では、どういう人がご縁を運んでくれるのでしょう？

ご縁を運んでくれる人は、名誉や地位のある人とはかぎりません。お金持ちともかぎりません。いたって普通の人たちが、ご縁を運んできてくれるのです。

ということは、**出会い運をアップさせるには、日ごろから、どんな人に対しても感じよくしておくことが大切、**ということになりますよね。

日本全国には、「空海さんが杖《つえ》をついたら泉がわいた」「温泉が出た」などという空海伝説が、７００以上あるそうです。伝説の数では、歴史上の人物の中でも、空海さんは断トツでＮｏ．１です。

その伝説の一つをご紹介しましょう。これは福岡県大川《おおかわ》市に伝わるエピソードです。

季節は初夏。一人のみすぼらしい旅の僧が、九州行脚《あんぎゃ》の途中、筑後《ちくご》川の渡しを渡ろうとしましたが、船賃《ふなちん》がなく困っていました。すると一人の若く貧しい漁師が、「私がお送りしましょう」と言って、無事、対岸に送り届けてくれたのです。

旅の僧は深く礼を述べると、「この村の者が、末代まで困らないように……」と、近くに生えていた葦《よし》の葉をちぎって川に投げ入れました。すると、葉はたちどころに魚と化して、銀色の鱗《うろこ》をきらめかせ、水中に消えていきました。

「この魚は斉魚《えつ》といって、これから毎年この季節にこの川に戻ってくるだろう。斉魚を獲《と》れば、高い値段で売り買いされるので、もう村の者たちが生活に困ることはなくなるはずだ」

この旅の僧こそ空海で、その徳により、エツが獲れるようになったというのです。

この伝説の真偽のほどはわかりませんが、エツが高級魚としてひじょうに高く売り買いされ、それによりこの地域の人々の生活が潤《うるお》ってきたことは事実です。しかもエツは、日本では有明海深奥部のみに生息していて、産卵のために筑後川などの河川を遡《さかのぼ》る、大変珍しい魚なのです。

今でも毎年5～6月になると、筑後川下流の大川市周辺では、川辺にエツ料理の屋形船が浮かび、各種のエツ料理を楽しむことができます。

もしこの伝説が真実だとすれば、一人の若く貧しい漁師の優しさによって村は救われ、1200年もの長きにわたって空海の遺徳を享受してきた、ということになりますね。


ところが、あまり一般的には知られていませんが、空海には、これとまったく逆の伝説もあるのです。今から1200年前は、当然インターネットなんて存在しなかったので、空海という僧の名前、あるいは「お大師さま」という呼び名は知っていても、空海の顔を知っている人はほとんどいませんでした。

先ほどの例は、たまたま心優しい若者が空海に出会い、親切にしたことで、空海のパワーがいい方向に発揮されたのですが、空海とは知らずに、みすぼらしい僧侶を見て、「しっしっ、あっちへ行け！」というふうに、空海を邪険《じゃけん》に扱った人もいたはずです。

そういう人に対しては、空海は、その底知れぬパワーをマイナスの方向に発揮しました。

伝説では、空海が杖をつくと泉が枯れてしまった、あるいは空海を邪険に扱った家は、一人亡くなり、また一人亡くなり……と、数年以内に一家全員が亡くなってしまった、などという恐ろしい事例もあったそうです。

それらを知ると、四国の人々が、四国八十八カ所霊場をめぐるお遍路《へんろ》さんに対して、「お接待《せったい》」といって、できうる限りのおもてなしをするのが、わかる気がしますね。きっと彼らは、お遍路さん一人一人を空海さんの生まれ変わりと思っているのでしょう。

さて、現代に生きる私たちはどうでしょうか。

プライベートの場で出会った相手と打ち解け、親しく言葉を交わした。その後、名刺交換をしたら、相手の社会的地位が高いことがわかった。そんなとき、ついつい「こんなに偉い方とは知らずに、大変失礼しました」。

謙遜のつもりで、あるいは相手を立てるつもりで言ったのかもしれませんが、このひとことによって、逆に信頼感は損《そこ》なわれます。相手と自分の優劣を常に気にして、相手によって態度を変えていることが、このひとことから伝わってきますから。

婚活パーティーで、こんな場面をよく目にします。話しかけてきた人が、好みのタイプならニコニコ満面の笑顔で受け答えするのに、好みのタイプでないと、明らかに浮かない顔……。

自分が相手をふるいにかけているつもりで、実はこういう態度を周りの人たちに見られていることに、気づいていないんですね。それに、たとえその人が自分の好みのタイプでなかったとしても、その人の友人の中に、運命の人がいるかもしれません。でも、いま目の前の相手に失礼な態度をとっていたら、次のご縁に繋がるはずがありませんよね。

マゼンダ（友人と私が立ち上げた結婚相談所）を訪れる独身の男女が、よく「ご縁がない、ご縁がない」とおっしゃいます。では、そのご縁は誰が運んできてくれるのか、ということなんです。先述した通り、ご縁はごく普通の人が運んできます。

だから、相手を見て態度を変えるような人には、いいご縁はめぐって来ないだろうなと思います。逆に、四国でお接待をする人々のように、**いま目の前にいる人に喜んでもらえるようにと心を尽くしていると、やがていいご縁がめぐって来る**のではないでしょうか。

私の住んでいる福岡に千如寺《せんにょじ》というお寺があり、そこのお守り（木札）が「身代わり守り」と言われ、一部の人たちの間で有名なんです。千如寺のお守りを肌身離さず身につけているると、何か危険な目に遭ったときに、そのお守りが身代わりになってくれると言うんですね。

死んでもおかしくないような大きな事故を経験した人が、かすり傷一つ負わなかった。まさに奇跡！　ところが、その人が身につけていた千如寺のお守りを見たら、木片が半分に割れていた。だから自分の身代わりになってくれたんだ……そんな事例が、以前、テレビ番組で紹介されたそうです。

あるとき、その番組をたまたま見ていた友人からお守りが欲しいと言われたのですが、私はその番組を見ておらず、当時はまだ千如寺のことを知りませんでした。そして友人も、福岡県内のお寺ということを覚えているだけで、お寺の名前は記憶していないと言うのです。

そこで、食事していたお店のスタッフに、

「こういうお守りをご存知ですか？」

と訊《き》いてみました。すると彼女は、

「そういうお守りがあると聞いたことはありますが、お寺の名前まではわかりません。でも、他のスタッフが知っているかもしれませんから、ちょっと調べてきますね」

と、キッチンに引っ込みました。

ところが、待てど暮らせど、彼女が来ないんです。「仕事が忙しくて、忘れちゃったのかな」と思い、会計を済ませてお店を出ようとしたときでした。彼女がハァハァ言いながら近づいてきて、「わかりました」と言うんです。びっくりして、「もしかして、いままで調べてくださっていたんですか」と尋ねたら、「そうです」と言うのです。

他のスタッフに訊いてもわからなかったから、私、福岡の市役所に電話をしました、と。福岡市役所で、そのようなお寺は福岡市内にはないと言われたので、片っ端から福岡県内の市町村の役場にかけて訊いたら、ある役場で「それは千如寺ですよ」と教えてくれたのだそうです。そこまでしてくださった店員さんに、とても感動しました。


さっそく私は千如寺の場所をインターネットで調べ、友人を連れて行きました。雷山《らいざん》の中腹に位置する、とても素敵なお寺でした。大きな楓《かえで》が印象的で、紅葉の名所にもなっています。

私は友人と一緒に千如寺のお守りを買い求めましたが、何十分もかけて調べてくれた、あの彼女にお礼がしたい、そしてそのお礼に最もふさわしいのは、当然このお守りだろうと思い、彼女にもお守りを買って届けました。

それから2週間ほど経ったとき、私は再び彼女の働いているお店を訪れました。すると、「ああ、良かった！ あなたに会いたかったんです」って、私の顔を見て、彼女が満面の笑みを浮かべるんです。

「私、今週でこのお店を辞めて別の職場で働くんですよ。だから辞める前にどうしてもお会いして、お礼を言いたかったんです」

彼女の話は次のように続きます。

実は私、先日バイクで大きな事故を起こしました。カーブを曲がりきれなくて、ガードレールに激突して放り出されたんです。ガードレールがグニャッと曲がって、死んでもおかしくないような事故だったんですよ。でも私、元気でしょ？ あなたからいただいたお守りのおかげです。だってお守りが、半分に割れていたんですよ。

……そんな話でした。

本当にそのお守りのおかげかどうかは、わかりません。でも、もしかしてそこで死んでいたかもしれない彼女が、お守りのおかげで生き残ることができたのだとしたら、人には親切にしておくものだと思いませんか（笑）。

彼女がどこの馬の骨ともわからない私に対して親切にしたことで、そのお守りが手に入って、もしかしたら寿命が延びたのかもしれないんですよね。

だから、あの大川地方に伝わる空海伝説も、私は大いにあり得るなと思っています。しかも千如寺は、空海ゆかりの寺。なんだか出来すぎた話ですね。

江戸幕府の将軍家兵法《へいほう》指南役を務めた柳生《やぎゅう》一族の家訓《かくん》に、次のような一節があります。

「小才《しょうさい》は縁に出合いて縁に気付かず、中才《ちゅうさい》は縁に気付いて縁を生かさず、大才《たいさい》は袖すり合うだけの縁をも生かす」

ご縁をつないでいく一番の秘訣。それは、**いつでも、いま目の前の相手に、心をこめて向き合う**ことではないでしょうか。

【空海】 774〜835

平安時代の僧。真言宗の開祖。804年、最澄らとともに中国（唐）に渡り、恵果に学ぶ。806年、帰国。京の東寺を根本道場とし、さらに高野山に金剛峰寺を開いて真言密教の研《けん》鑽《さん》に努めた。庶民階級に対する日本初の学校とも言うべき綜芸《しゅげい》種智院を創設。

自分の才能を人のために使い、運命が好転した黒田官兵衛《くろだかんべえ》

2014年のNHK大河ドラマの主役は、黒田官兵衛。

秀吉の軍師として、その天下獲《と》りを支えた官兵衛は、多くの文人や作家の興味の対象となり、さまざまな作品に登場していますが、意外にも、官兵衛を扱った作品の多くは、「官兵衛は不運な男だった」というスタンスで描かれているようです。「官兵衛は、秀吉や家康に勝るとも劣らない優れた才能を持ちながら、自分自身が天下を獲るチャンスには恵まれず、一大名として人生を終えた」というのが、その根拠です。

では、官兵衛は本当に不運な男だったのでしょうか。

私たちは、その人にしかできない何かの役割を与えられ生まれてきた、と私は信じているのですが、その役割を全《まっと》うできた人生は、とても幸運で幸せと言えるのではないでしょうか。そういう視点で見ると、「不運な男」というレッテルは、官兵衛には似合わないような気がします。

歴史における官兵衛の役割、それは、戦国乱世を終わらせるということ。そしてその役割を、舞台上で俳優として演じるのではなく、プロデューサーという立場で遂行《すいこう》すること。お

そらく天が官兵衛に託したのは、これだったのではないかと思うのです。

そう考えれば、官兵衛ほど完璧に自分の役割を果たした人も稀《まれ》で、「日本史上最も幸運で幸せな男」と呼びたくなるほどです。

古来、日本人は「役割を全うする」ということをとても大切にしてきました。

日本最古の歴史書と言われる『古事記』には、「天岩戸《あまのいわと》の神話」が出てきます。アマテラスさんが天岩戸にお隠れになり、高天原《たかまがはら》が真っ暗になったとき、困った神々は、みなで相談し、祭りを行なうことに決めました。力ずくでアマテラスさんを引っ張り出そうとしたのではなく、アマテラスさんが思わず岩戸から出てきたくなるような状況をつくろうと思ったのです。

その目論見《もくろみ》は見事に成功するわけですが、祭りというのは、それに関わる人たちが役割を全うすることで成り立ちます。そしてその役割には、重い軽い、大きい小さい、尊い賤《いや》しいなんてありません。すべての役割は等しく重要であり、世の中は役割分担によってうまく回っていくのです。

江戸時代には、こんな言葉があったそうです。「駕籠《かご》に乗る人、担《かつ》ぐ人、そのまた草鞋《わらじ》をつくる人」。

現代に生きる私たちは、「駕籠を担いだり草鞋をつくったりしている場合じゃないよ。早く成功して、駕籠に乗れるようになろうよ！」と思わず言ってしまいそうです。しかし、本来、役割に上下貴賤《きせん》はない、もし上下貴賤があるとすれば、そこに携《たずさ》わっている人の心がそれをつくるのだ……。これが日本人の本来の考え方なのです。

歴史という舞台でスポットライトを浴びた秀吉も、裏方として支えた官兵衛も、ともに自分に課された役割を全うしました。その後、官兵衛は息子の長政《ながまさ》に家督を譲ると隠居し、「如水《じょすい》」と名乗ります。「水の如《ごと》し」という名前に、官兵衛の心境が表われているような気がするんですね。天下を獲れなかった無念さよりも、役割を全うした清々《すがすが》しさが、その名から感じられます。

私たちも他人の評価に一喜一憂するのでなく、官兵衛のように、天を相手に生きていけたら幸せですね。

さて、その官兵衛の人生を振り返ると、生涯最大のピンチを乗り越えたところから、天の用意したシナリオに向かって大きく拓《ひら》けていったことに気づきます。

およそ100年続いた戦国時代。織田信長という一人の天才の出現で、時代が大きく変わろうとしています。その天才の率いる織田家中《かちゅう》をひとつの企業に見立てると、柴田勝家《しばたかついえ》、丹羽長秀《にわながひで》らの生え抜きに、秀吉が加わり、さらに荒木村重《あらきむらしげ》が割って入って、激しい出世競争が繰り広げられます。この出世競争が天下統一に連動しているのですから、実に面白いですよね。

田舎の中小企業が、自らの生き残りを、この成長著《いちじる》しい企業との連携に賭けた……それが、官兵衛と信長の出会いだったと思います。

官兵衛の時代を見抜く洞察力は本当に素晴らしく、その読みは見事に的中するのですが、織田家中の熾烈《しれつ》な出世争いが、官兵衛に暗雲をもたらします。荒木村重が突如として謀反《むほん》を起こし、その村重を説得しようと村重の居城・有岡城《ありおかじょう》に乗り込んだ官兵衛は、城内に幽閉されてしまうのです。

日の当たらない、足を伸ばすこともままならない地下牢《ろう》で、官兵衛の幽閉はおよそ1年続きます。頬はこけ、髪は抜け落ち、ひどい皮膚病に罹《かか》り、その上、足を傷めてしまいます。その足の傷は癒《い》えることなく一生片足を引きずることに……。いつまで続くかわからない幽閉生活、体力的にも、精神的にも、限界を超えていたのではないでしょうか。

しかし、それでも、官兵衛は生き永《なが》らえることができたのです。

有岡城が落城し、その混乱にまぎれて家臣が官兵衛の救出に成功しました。こうして生涯最大のピンチを乗り越えたとき、官兵衛の中に、「生かされている」という実感、そして感謝の気持ちが生まれたのではないかと思います。

これは私の想像ですが、官兵衛の前半生は、「自分が、自分が」という面が、少し強かったのではないでしょうか。どんなに素晴らしい才能を持っていても、その才能を自分のために使っていたら、周りにとってその人は、何とも鼻につく存在だと思うんですね。**才能を自分のために使っている限り、誰も応援してくれません。**

死と隣り合わせの1年間を経験し、それでも生きて自分の居場所に帰れたとき、官兵衛は、天から与えられた類《たぐい》まれな才能を、自分のためではなく、世のため人のために使うようになったと思うのです。才能自体は変わらなくても、才能の使い道が大きく変わったことで、官兵衛の人生の扉が大きく開《ひら》けたのではないでしょうか。

この後、官兵衛は、軍師として秀吉の天下獲りを支えていくことになります。

竹中半兵衛《たけなかはんべえ》と黒田官兵衛。ともに秀吉の軍師として名を馳《は》せた2人ですが、どちらかというと、半兵衛には天才的なひらめきがある。でも、官兵衛のやり方は、とても理に適《かな》っているんです。ウルトラCを出して奇跡を起こすのではなく、相手の立場に立ってとことん考え、相手に受け入れてもらえるように、根回ししていく。まるで、『古事記』に登場する神々が、アマテラスさんをその気にさせたように……。

「才能がある」というのは、一見、素晴らしいことに思えますが、実は、**才能とは単なる「個性」**なのではないでしょうか。個性そのものは、本来プラスでもないしマイナスでもない。勝手に私たちがプラスとマイナス、あるいは長所と短所に振り分けているだけです。

では、長所と短所はどのように決まるのかと言えば、**才能（個性）を自分のために使えば短所になり、人のために使えば、長所と**して映るのではないかと思うんです。

まずは欠点や短所も含めて、ありのままの自分を受け入れる。そして個性や才能といった、持って生まれたものを、誰かの喜びのために使っていく。すると、自分の魅力が輝いていく……魅力には、そんな法則があるのではないでしょうか。

笑顔にした人の数だけ人生が輝くということを、官兵衛が教えてくれているようです。

【黒田官兵衛】 1546〜1604

安土桃山時代の武将。織田信長・豊臣秀吉に仕え、秀吉の中国・四国・九州攻めに参戦、豊前12万石を与えられる。さらに文禄・慶長の役に従軍するが石田三成と対立、関ヶ原の戦いでは徳川方に属した。キリスト教の洗礼を受け、受洗名はシメオン。

不確かな未来に対して積極的だった山内《やまうち》一豊《かつとよ》の妻

私は航空会社を退職してから今まで、出産の前後を除いて常に仕事をしていますが、ただの一度も自分から「仕事をください」とお願いしたことはありません。ひょんなことから出会った人に、何かの仕事を任され、その仕事に一生懸命取り組むうち、そこでまた出会った人が仕事を依頼してくださる、というのを繰り返してきました。

そんな私を、人は「運がいい」と羨《うらや》みますが、実は、強運の秘訣というのがあって、私はそれに従っているだけなのです。

私に強運の秘訣を教えてくれたのは、山内一豊&千代《ちよ》の夫婦です。

千代は天下に名高い「賢妻」ですが、千代の内助の功として、一豊がまだ織田信長の一家臣であった頃の、次のエピソードが有名ですよね。

「ああ、残念だなぁ」

帰宅した一豊は、大きなため息をつきました。

馬揃え（戦の前に、馬を一堂に集めてその検分をするもの）を間近に控えたある日、馬売りが連れてきた駿馬《しゅんめ》を見て、一豊は喉《のど》から手が出るほど欲しくなったのですが、その駿馬の値段は10両。一豊にとっては大金です。支払う当てがないので、あきらめるほかないのですが、それでも一豊はあきらめきれずに、帰宅後、思わず大きなため息をついたのです。

夫の様子を見かねた妻・千代は、鏡台の引き出しからそっと包みを出してきて、一豊に渡しました。

その包みの中には、なんと10両が入っているではありませんか！

それは、幼くして両親を失った千代が、育ての親であるおじさんから「夫に何かあったら……」と、嫁入りのときに渡された10両だったのです。

大喜びの一豊は、千代から渡された包みを握りしめ、馬売りのもとを再び訪れると、あの恋い焦《こ》がれた駿馬を買いました。

いよいよ馬揃えの日。織田家中から集められた名馬の中でも、一豊の乗る栗毛《くりげ》の馬は、ひときわ目立ちました。

馬好きの信長が、気づかないはずがありません。

「名馬じゃ！　馬上の姿、手綱《たづな》さばきも見事！　乗っている男をここへ」

一豊をそばへ呼ぶと、この見事な馬をいくらで買ったのか尋ねました。

「なるほど、10両か。高すぎるといって、誰も買わなければ、織田家の者どもは見る目がない、けちだという噂が全国に広まったところじゃ。そのほう、よく買ってくれた。ほうびに、200両をとらそう」

千代が、清水《きよみず》の舞台から飛び降りたつもりで差し出した10両が、なんと20倍に！ って、それが問題じゃないですよね（笑）。

この馬揃えで男をあげた一豊が、このあと出世街道を驀進《ばくしん》するのです。

このエピソードを聞いて、

「私だって、夫が出世するとわかっていたら、どんなことをしても10両工面《くめん》するわ」

と思っている方がいらっしゃるんじゃないでしょうか。


千代は、そこまで計算していたのかな？

それとも、すべてはたまたまの巡《めぐ》り合わせで、運がよかっただけ？


私は、どちらも〝NO〟だと思うんです。

人生って、人知を超えているからおもしろいわけだし、千代は確かに賢いけれど、神様じゃないんだから、駿馬を買ったら20倍のお金が返ってくるとか、夫が信長の目にとまって出世するとか、予想できたわけではないと思います。

では、千代はなぜ10両という大金を惜しげもなく夫に差し出すことができたのでしょうか?

運のいい人の共通点の一つに、「不確かな未来に対していつも積極的」ということが挙げられると思います。おそらく千代は、この馬揃えのときだけでなく、いついかなるときも、夫のために自分ができる精一杯のことをしてきたんじゃないかなぁと思うのです。

私たちは、歴史上有名なこのエピソードだけを取り上げて、「千代は賢い」とか「山内夫妻は運がいい」などと言いますが、表に出ないところで、千代はいつも積極性と優しさと一豊への愛情に満ちていたのではないでしょうか。

未来は誰にもわからない。

その不確かな未来に対して、どこまで信頼して積極的になれるか……そこに強運を呼び込む秘訣があるような気がします。

「ひとみちゃん、この日空《あ》いてる？」

「うん、空いてるけど、何かあるの？」

人生を幸運に導く出会いは、いつもそんななにげない会話から始まります。


数年前、私は友人からある講演会に誘われました。場所は東京です。

福岡から東京、お金もかかるし、子どももまだ小さいし……。断る理由はたくさんありました。でも、本当に行きたくないなら迷わないはずです。行きたいから迷うのですから、私は素直に自分の心の声に従おうと思い直し、講演会への参加を決めました。

実は**「迷ったらGO！」**が、私のモットーのひとつなんです。

会場で、予期せぬことが起こりました。ベストセラー作家のひすいこたろうさんが、私の隣に座ったのです。ちょうどそのとき、ひすいさんは『名言セラピー　幕末スペシャル　Ｔｈｅ　Ｒｅｖｏｌｕｔｉｏｎ』を執筆中とのことで、歴史談義に花が咲き、そこから親交が始まりました。

そんなある日、ひすいさんから思いがけない提案が……。

「ひとみちゃんの歴史の話を聞いたら、日本を好きになる人が増えるから、歴史のエピソードをブログで発信していったらいいよ」

このときの私の正直な気持ちは、こうでした。

「またまた〜。ベストセラー作家は、文章もうまいけど、口もうまいんだから。その手にはのりませんからね」

でも、一方でもう一人の私が囁きます。**「素直さは最大の知性だよ」**って。

実は、この「素直さは最大の知性」が、私の座右《ざゆう》の銘《めい》なのです。自分一人で考え、判断していたら、自分という人間の枠《わく》は超えられない。

だから「信頼できる人、尊敬する人の言うことには、素直に耳を傾けよう」と、常に自分に言いきかせていたのです。

私はひすいさんのことを心から尊敬し、信頼していたので、言われた通り、ブログで歴史のエピソードを綴っていきました。そのブログ記事を読み、出版のご依頼をくださったのが、この本の編集者さんです。

あのとき、講演会に行かなければ、そしてあのとき、ブログを始めなければ、今の私はいませんでした。この本は4作目ですが、執筆活動も、そして講演活動も、あの日、ひすいさんと隣の席になったことが始まりなのです。

「面倒くさい」

「目当ての人が来ないからいいや」

……そんな消極的な発想で、素敵な未来を自《みずか》ら逃してしまうのは、とてももったいないことだと思いませんか⁉

「迷ったらGO！」

「素直さは最大の知性」

この言葉をあなたに贈ります。

【千代】 1557〜1617

土佐藩初代藩主・山内一豊の妻。近江浅井氏家臣の若宮友興《ともおき》の子とする説、美濃斎藤氏家臣の遠藤盛数《もりかず》の子とする説など、出自に関しては諸説ある。1605年に一豊が死去すると、出家して見性院《けんしょういん》の法号を受け京都で余生を過ごした。

歴女人気ナンバー1の真田幸村《さなだゆきむら》は、直感の人だった

かつて江戸っ子たちが受け継いできたものの中に、**「三脱《さんだつ》の教え」**というのがあったそうです。

江戸っ子は、初めて会った相手に対して、不用意に本名を明かすということをけっしてしませんでした。それだけでなく、相手の年齢、職業、地位や身分を訊《き》かないという、暗黙の習慣があったというのです。これを「三脱の教え」といいます。

年齢や身分を知ると、どうしても先入観ができてしまうので、江戸っ子は素《す》のその人を見て、その人の本質を感じ取り、人間同士として互角に付き合おうとしたのです。

相手の人間性や本質を見抜くためには、直感力が必要です。だから江戸っ子は、自分たちの**直感力**を磨いていったんですね。

直感力を磨くことは、商売にも役立ちました。

今だったら長期予報で、たとえば3日後に急に気温が変動するとわかる、するとその前夜、スーパーは商品の配置転換をするわけです。暑くなるとわかれば、清涼飲料水やそうめんな

ど、暑いときに手に取りたいものを目立つところに置き、逆に急に冷え込む場合は、鍋物の材料を前面に出したりします。

科学的な根拠に乏しい江戸時代、商人たちは直感と経験値で補《おぎな》っていました。たとえば、こんなふうに蟬《せみ》が鳴いた年は秋の訪れが早いとか、逆に残暑が厳しいとか。そうやって自然界の中にアンテナを立てて、**五感**（視覚、聴覚、触覚、嗅覚、味覚）**をフルに稼働させることで、直感力を養っていった**のでしょうね。

直感を働かせることで過不足なく商品を仕入れ、安定した経営を行なうことができます。経営者にとって、直感力というのは一番重要な要素なのかもしれませんね。

その直感力を養うという意味では、人付き合いも大事でした。一期一会の精神で出会いやご縁を大切にすれば、それらは、すべて自分の直感力を養うためのお稽古《けいこ》の場になります。

私たちはすぐデータや肩書きに頼ってしまいますが、人間は本来、素晴らしい感性を持っているのです。ところが、世の中が便利になっていくにしたがって、元々私たちに備わっていた感性が、特に直感力が鈍《にぶ》ってしまう。とても残念なことですね。

さて、この直感力をフルに使った歴史上の人物がいます。大坂の陣のヒーロー・真田幸村《さなだゆきむら》です。

以前、NHK-BSプレミアムの『熱中スタジアム』という番組に出演させていただいたのですが、「戦国ディープ女子道」というテーマで全国から集まった歴女30人の中で、圧倒的に人気を集めたのが、真田幸村でした。

私にとっても、幸村は好きな歴史上の人物の一人なのですが、私が思う彼の最大の魅力は、なんといっても〝直感力〟。

関ヶ原の戦いのとき、幸村は、父・真田昌幸《まさゆき》とともに西軍につき、居城である上田城《うえだ》（現在の長野県上田市）に立てこもり、2代将軍・徳川秀忠《ひでただ》率いる3万8000の大軍を、わずか3500の軍勢で撃破しました。

そのため、秀忠一行は関ヶ原の本戦に間に合わず、もし西軍が勝利していれば、最大の功労者は、昌幸・幸村の父子になっていたはずでした。ところが実際は東軍が勝ったために、敗軍の将として、紀州の九度山《くどやま》に配流《はいる》の身となったのです。

関ヶ原から14年。豊臣と徳川との交渉が決裂、豊臣家は、来るべき戦に備えて、多数の牢《ろう》人《にん》を大坂城に入城させました。その数、およそ10万人。

当然、上田城で徳川を散々《さんざん》に苦しめた真田の名を、豊臣家は忘れてはいませんでした。14年に及ぶ幽閉生活の間に、父・昌幸は亡くなりましたが、幸村は、家族やわずかな家臣とともに九度山を脱出すると、家族を伴って大坂城に入城したのです。

大坂城には、幸村を慕《した》う旧臣たちが続々と集結。大坂冬の陣は、幸村が指揮する真田勢の活躍で、豊臣方が優勢のうちに和議が結ばれました。

ところが、家康の謀略で堀を埋められ、裸城《はだかじろ》になった大坂城は、ついに夏の陣で落城のときを迎えます。

決戦を前に、幸村が何をしたか？

徳川方の将として大坂の陣に参戦していた伊達政宗《だてまさむね》。その政宗の側近が、片倉小十郎重《かたくらこじゅうろうしげ》長《なが》です。この片倉家の陣地に、幸村は、家臣に命じて最愛の娘・阿梅《あうめ》を送り届けさせたのです。

一説によると、大坂冬の陣の際に、伊達勢の先鋒である片倉重長の勇将ぶりを目《ま》の当たりにした幸村が、「この男なら……」と、片倉の陣に矢文《やぶみ》を送り、愛娘との婚姻の儀を申し入れたと言われています。何たる幸村の直感力！

その数日後、決戦にのぞむ幸村の戦略は、ただ一つ！　敵の大将・家康の首を討《う》つこと。真田勢は、幸村の作戦通り、家康の本陣に襲いかかり、屈強で鳴らす家康旗本勢を蹴散《けち》らし、馬印《うまじるし》（大将の馬の側に立て、その存在を味方に示すもの）を倒すほど家康に肉薄しました。真田勢の凄《すさ》まじさに、家康は自害を覚悟したほどだったと言われています。

しかし、多勢に無勢、結局は兵力で圧倒的に勝る徳川軍に勝てず、幸村は討死《うちじに》を遂げました。その翌年、家康は亡くなりましたが、**「あの世で酒を酌《く》み交わしたい相手」**として幸村の名を挙げた、というエピソードが残っています。

さて、片倉家に送られた阿梅の運命は……？

大坂の陣の数年後、片倉重長の妻が亡くなると、阿梅は彼の後妻となりました。夫婦には子が生まれませんでしたが、片倉家は、阿梅の弟や妹を引き取り養育しました。実は、幸村の長男・大助は、大坂の陣で豊臣家と運命をともにしましたが、阿梅の弟や妹は生きていたのです。

幸村の血は片倉家の居城のある白石《しろいし》（現在の宮城県白石市）の地で受け継がれました。その後、幸村の子孫は伊達氏の直臣《じきしん》となり、明治の世になるまで仙台で暮らすこととなるのです。

それにしても、徳川幕府に知られれば、片倉家だけでなく主家の伊達家にも累《るい》が及び、取り潰《つぶ》しの危険性すらある中で、片倉重長のとった行動には驚かされます。おそらく「この男にわが娘を託したい」と自分に惚れ込んでくれた稀代《きたい》のヒーロー・幸村に対する最大の敬意だったのでしょう。

見方を変えれば、亡父・幸村の決死の判断が、阿梅に幸せをもたらしたと言えるのかもしれません。これは、幸村の人を見る目、つまり直感力が正しかったことを証明しています。と同時に、ここまで信頼された相手は、そのことを意気に感じ、裏切ることはできない。人間関係というのは本当に鏡なんだなぁと、感じさせてくれます。

直感力を磨くということは、素晴らしい人間関係を築く力に繋がっているのですね。

男としての死場所《しにばしょ》を得ることと、家族の幸せを願うこと。一見、相反《あい》するように見えて、この幸村の2つの夢は、同時にしか叶《かな》えることができなかったのではないかと思います。

周りの人を置き去りにして夢を追いかけるのではなく、周りの人、大切な人、自分の直感で信じられると思った人を、とことん大事にして、大好きな人たちを笑顔にしていくという生き方がある。幸村の真の魅力は、この清々《すがすが》しさの中にあるような気がするのです。

そして幸村に大切にされた人たちが、幸村を後押しし、彼を「男」にした……もしかしたら、これが幸村のヒーロー伝説の真実なのかもしれませんね。

それでは、どうしたら直感力を養えるのでしょうか？

便利な生活にどっぷり浸《つ》かっていると、直感力はどんどん衰えていくような気がします。

たまには、文明の利器を置いて、自然に親しんでみるのもいいですね。

都会の中でも、自然に親しむ機会はいくらでもつくれます。美しい夕日や道端に咲く可憐な野の花など、自然に目をやり、感性を揺さぶるといいと思います。

その上で、江戸時代の商人たちのように、自然をリスペクトし、五感をフル稼働させること。直感とは、言い換えれば「第六感」。五感をフル稼働させないことには第六感は働きません。

そして、直感力を養うのに最も大切なこと。それは、「自分が、自分が……」という気持ちを手放すことです。**我《が》が強いと、直感力は鈍《にぶ》るのです。**

「チャンスの女神には後ろ髪はない。だから女神が歩いてきたら、さっと決断して、女神の前髪をつかみなさい」

よくそんな言葉を耳にしますが、**チャンスを求めるのではなく、自分が誰かのチャンスの女神になる……**そんなふうに考えると、不思議と我が抜けてきます。

心をピュアに穏やかにして、風の気配、鳥のさえずり、小川のせせらぎ、雨の匂いなど、五感を使って身近な自然を感じてみましょう。私たちは、自分の力で生きているのではなく、自然の恵みや多くの人の善意や厚意の上に生かされている、そういう謙虚な気持ちで日常生活を送ると、見慣れた景色や聴きなれた音が、不思議と新鮮に感じられるようになります。

目に映ること、耳に入ることのすべてが、実は私たちに向けられたメッセージ。それらを上手に受け取れるようになると、やがて自分の心の声も聞こえるようになるでしょう。

【真田幸村】 1567〜1615

安土桃山時代の武将。関ヶ原の戦いの際に、父・昌幸とともに徳川家康の息子・秀忠の大軍を中山道《なかせんどう》で阻止。そのため秀忠は関ヶ原の戦いに参戦できなかった。大坂冬の陣では豊臣秀頼のために出城《でじろ》「真田丸」を築いて力戦するが、翌年の夏の陣で戦死。

画僧・月僊《げっせん》の不可解な、でも実は粋《いき》な行動とは？

江戸時代中期から後期にかけて活躍した画僧・月僊《げっせん》。南画《なんが》（中国絵画の影響を受けて江戸時代中期以降に広まった、新興の画派）に始まり独自の画風を確立した月僊の絵は、花鳥、山水、人物、何を描かせても、得《え》も言われぬ気品が漂っている……と言われています。

その月僊、作品の評価とは裏腹に、生前の彼自身の評判は、すこぶる悪かったようです。というのも、月僊は、絵をたのまれると、すぐに「潤筆料《じゅんぴつ》（＝画料のこと）はいくらか」と訊くのが常だったからです。人々は絵の価値を認めながらも、金銭への執着を卑しみ、「乞食月僊《こじき》」と陰口を叩きました。

7歳で浄土宗の僧となった月僊は、この頃から絵を好み、江戸の増上寺《ぞうじょうじ》や京都の知恩院《ちおんいん》で仏門修行に励むかたわら、絵の指導を受けたと言われています。月僊の個性的な画風は、複数の師の画風が見事に融合された結果であり、また、俳人としても画家としても著名な与《よ》謝蕪村《さぶそん》の影響を受けたとも、伝えられています。

安永《あんえい》3（1774）年、月僊34歳のときに、伊勢国《いせのくに》（現在の三重県）宇治山田《うじやまだ》にある浄土宗知恩院派の末寺・寂照寺《じゃくしょうじ》に住職として派遣されます。寂照寺の近くには、伊勢地方の遊里《ゆうり》として名高い古市《ふるいち》がありました。

ある日、松《まつ》が枝《え》という遊女が、月僊のさもしい根性をたしなめてやろうと、彼を招きました。

「和尚さん、これに描いてください」

と彼女が投げ出したのは、白縮緬《ちりめん》の腰巻（着物の下に身につける肌着）。日本男児が、これほどの恥辱を受けるとは……。武士なら、切腹も辞さないでしょう。

ところが、遊女の下着を手に取った月僊は、表情一つ変えず、

「はいはい、画料さえいただければ、何なりとお描《か》き致します。1両2分でございます」

と言って腰巻を持ち帰り、3日ばかりの間に美事な花鳥を描いてきたのです。

このことは、「乞食月僊」という陰口に、いっそう拍車をかけることとなりました。

同じ頃、京に住んでいた池大雅《いけのたいが》が、伊勢参りの道すがら、寂照寺に月僊を訪ねました。

「貴僧の絵の風格には心から敬服しておりますが、どうして乞食とまで言われるほど、金銭

に執着されるのですか。画料のことは、あまりやかましく言わぬ方がよろしいかと存ずるが……」

南画の大成者として名声を博した池大雅の好意溢れる言葉に、さすがの月僊も、心うたれた様子でしたが、返事はありません。そしてその後も変わらず画料に執着し続けました。

こうして月僊は、人々から「乞食月僊」と蔑《さげす》まれたまま、文化《ぶんか》6(1809)年の正月、69歳で没します。

ところが、月僊の死後、縁者たちが遺品を整理したところ……。

おびただしい領収書や人夫《にんぷ》の手間賃《てまちん》の控え、土木の契約書、設計図などが出てきたというのです。それらは、ことごとく参宮《さんぐう》道路(伊勢神宮に参拝する際に通る道)の修理や橋の普《ふ》請《しん》に関するものでした。

そういえば、荒れ果てた参宮道路や壊れた橋などが、時折、補修されたり架《か》け替えられたりして、参拝者や付近の人々が喜んでいました。

けれども、誰もが、それらすべては奉《ぶ》行所《ぎょうしょ》の仕事と思いこんでいたのです。まさか月僊和尚が、私財を投げうって行なっていたなんて。

実は、月僊は、かなりの額の金銭を奉行所に託し、寂照寺の修繕や地元民救済、そして参宮道路や橋の普請に充当していたのです。

これらすべてが、自分たちが「乞食坊主」とののしった月僊和尚がやったことだとわかったとき、人々は、どんな気持ちだったでしょう。感謝したくても、恩人はすでにこの世にいないのです。感謝と自責の念が、交錯していたのではないでしょうか。

月僊にしてみれば、**己《おのれ》の志は誰が理解せずとも、天はわかっていてくれる**……そんな心境だったのかもしれません。

私は幼い頃、明治生まれで江戸っ子の祖母にかわいがられて育ったのですが、祖母は、テストの点や成績がよくても、けっして褒めてはくれませんでした。その代わり、思いやりのある行動には、「お前、粋《いき》なことするね〜」と、手放しで喜んでくれました。

ところが、祖母に褒められたことが嬉しくて、「私はこんなことしたんだよ」「おばあちゃんに褒められたよ」なんて口に出そうものなら、ピシャリと言われてしまうのです。

「まったくお前は野暮天《やぼてん》なんだから……」

おそらく祖母の尺度では、たとえいいことをしても、それをひけらかしたり、相手の心に負担をかけるのは「野暮」、さりげなく人知れず気遣ったり優しさを表現できるのが「粋」なんですね。

そういう視点で見たら、月僊という人は、粋の極《きわ》みですね。


行ないが美しいか、美しくないか。私たちはそこに美学を求め、そこで他人の評価を決めてしまいがちです。でも、本当は、行動を選択するにいたる過程で、さまざまな葛藤や思いがあるんですよね。

人はしばしば、相手の行為を自分の尺度ではかって腹を立てたり非難したりしますが、その行為の裏にある思いを汲《く》み取る優しさを、持ち続けたいものです。たとえ相手の行為そのものには納得できなくても、その人の思いに寄り添うことができれば、そこから素敵な関係を始めることができると思うから……。


では、具体的にどうすれば、相手の思いに寄り添えるのでしょうか？

「なんでこの人はこんなことをしたんだろう？」と、「なんで？」を考え始めると、相手を責める気持ちが募《つの》ってきます。

逆に、「もし私がこの人の立場だったら……」と考えると、相手の気持ちに歩み寄ることができると思うんですよね。

私は、夫婦げんかをしたときに、必ずこの問いかけを自分自身にします。

「もし私が主人の立場だったら？」

きっと、私のような奥さんには、２年もしないで愛想を尽かしていたと思います（笑）。

こんな私と20年以上も連れ添うなんて、並の男にはなかなかできるものではない……。そう思ったとき、自分が腹を立てていることのほとんどが、とるに足らないささいな問題であることに気づかされます。

だいたいみんな自分のことは棚に上げて、相手を責めてしまうんですよね。けれども、完璧な人間なんて、この世にはいません。自分の未熟さ、いたらなさを自覚する（卑下するのではなく、あくまで「自覚する」ことが大事です）ことで、相手をゆるしたり、相手を思いやったりする心のゆとりが生まれるのではないでしょうか。

【月僊】 1741〜1809

江戸時代の僧。尾張名古屋出身。江戸の増上寺、京都の知恩院で修行を重ねる。1774年、知恩院の大僧正の依頼で伊勢の寂照寺住職に。京都時代、写生表現を重視した円山応《まるやまおう》挙《きょ》に師事して絵を学ぶ。病気の応挙に代わり、襖絵《ふすまえ》と屏風絵《びょうぶえ》を描いたことも。

〈第3章〉

人生を変える「縁」とめぐりあうための賢者の選択

人と人とが出会い、互いにかかわりあいを持つこと。日本人は、昔からそれを「ご縁」と呼び、目には見えない絆《きずな》を大切にしてきました。

ご縁というと、ついつい恋愛関係のことをさしていると考えがちですが、男同士、女同士にも、縁はあります。そして、その縁によって、しばしば人生が変わることも……。

ご縁に恵まれれば、自分が努力した以上に、人生は素晴らしいものになっていきます。恋愛や結婚となると、なおさらです。

よいご縁に巡り合うためには、賢い選択をする必要があります。

先人が歴史の中で示した「賢者の選択」を見てみましょう。

どんな相手であっても、魅力を最大限に引き出す

「結婚はしたいけれど、結婚相談所に入会してまでは……」

友人と一緒に結婚コンサルタント　マゼンダを開業してから、たくさんの独身男女にお会いしましたが、こんなふうにおっしゃる方が意外に多いんです。どうやらその方々は、「お

見合い結婚には愛がない」と勘違いしていらっしゃるようです。

でも実際は、結婚が決まった会員さんたち、みんなびっくりするぐらいラブラブで、愛情の深さでは、恋愛結婚の場合とほとんど違いは感じられません。単に、出会いのきっかけが「お見合い」だった、という感じです。

彼女たちの笑顔を見ていると、お見合いという日本の伝統的風習を、もう一度見直してみてもいいのかも、という気になってきます。

お見合いというのは、日本では歴史が古く、庶民層の風習として定着したのが、今からおよそ400年ほど前、江戸時代のことと言われています。江戸時代以前も、身分が高い人はお見合い結婚が主流でした。

戦国大名の政略結婚は、その最《さい》たるものですよね。初めて会ったその日が、婚礼の日というワケですから、究極のお見合い結婚と言えます。

戦国一の美女と謳《うた》われたお市《いち》の方は、兄・織田信長の命令で、近江国《おうみのくに》（現在の滋賀県）の小谷《おだに》城主・浅井《あざい》長政《ながまさ》と結婚します。

のちに秀吉の側室となる茶々《ちゃちゃ》、京極高次《きょうごくたかつぐ》の正室となる初《はつ》、徳川2代将軍・秀忠の正室となる江《ごう》の3姉妹と2人の息子に恵まれ、長政&市の夫婦は、周囲がうらやむほどの仲睦《むつ》まじさだったと伝えられています。

そしてその仲のよさは、後年、織田家と浅井家の友好関係がこわれてからも、なんら変わることはなく、長政の死による永遠の別れが訪れるまで、2人は深く愛し合いました。

娘の茶々は、父の十七回忌と母の七回忌に、菩提《ぼだい》を弔《とむら》うため、それぞれの肖像画を絵師に描かせています。

お市の方の肖像画は、〝戦国一の美人画〟として名高いのですが、浅井長政もまた、肖像画で見るかぎり、背が高くて気品があり、かなりのイケメンです！　まさしく戦国一の美男美女のカップルです。

「そんなイケメンと結婚したなら、そりゃあ幸せでしょう」

と羨《うらや》む声が聞こえてきそうですが、お市の方は、私たちが想像するよりも、はるかに女としての器が大きいのです。

婚家である浅井家が、実家の織田家に滅ぼされるという、戦国時代ならではの過酷な運命に翻弄《ほんろう》されたお市の方。彼女は、3人の娘たちを連れて実家に戻り、兄・信長、弟・信包《のぶかね》の庇護《ひご》を受けながら平穏に暮らしました。夫と息子を失い、心に深い傷を負いましたが、娘たちの無邪気な笑顔に慰められ、また戦いの恐怖からようやく解放されたという、安堵《あんど》の思いもあったでしょう。

しかし、その日々も長くは続きませんでした。本能寺《ほんのうじ》の変で信長が亡くなったからです。人生の転機を迎えるお市の方。信長を失い、織田家中《かちゅう》が後継者争いで揺れる中、36歳のお市の方は、再び嫁ぐこととなりました。相手は、自分より25歳も年上、61歳の柴田勝家。優雅な貴公子風の浅井長政と違い、勝家は無骨《ぶこつ》なイメージ。

さて、この年の差婚、夫婦仲はどうだったと思われますか?

お市の方は、織田家のすべての家臣にとって憧れの存在でしたから、彼女を妻として迎えることのできた勝家は、天にも昇る気持ちだったでしょう。

では、お市の方は?

勝家は、無骨だけれど、心が優しく、年の離れた妻を、細《こま》やかな愛情と限りない優しさで包み込みました。不器用な勝家でしたが、その不器用さと純粋さが、お市の方の目には、好もしく映ったようです。

それに、勝家は、彼女の連れ子である3人の娘に対しても、同様に愛情を注ぎました。娘たちも、おじいちゃんと言っていいほどの年齢の勝家に懐《なつ》き、実の親子のように互いに慈《いつく》しみ合いました。

これはあくまで私の想像ですが、お市の方は、25歳も年上の勝家に対して、激しい恋心を抱くことはなかったかもしれませんが、篤《あつ》い信頼と尊敬で結ばれ、互いに深く愛し愛されたのではないかと思います。


私が抱《いだ》くお市の方のイメージって、まさしく愛の達人なんです。どんな相手に対しても、その人の素敵なところを見つけ、そこを照らし続けることで、さらにその人の魅力を引き出す。そして互いに愛し愛され、その人と共有する時間を輝かせることができる。

つまり、どんな相手も受け入れることのできるキャパの広さが、お市の方の女としての器の大きさ、懐《ふところ》の深さにつながっているのではないでしょうか。

「幸せになりたい」と願う女性たちの多くは、「こういう相手なら幸せになれる」という枠《わく》を自分でつくって、その条件に適《かな》った相手を必死に探します。でも、相手に依存して幸せにしてもらおうとするのって、ちょっと違う気がします。

依存心が強いと、どうしても相手の「あら」ばかり見てしまいます。きっと、お市の方は、わかっていたのでしょうね。**「幸せは、自分自身の考え方、生き方が決める」**ということを。

お市の方の愛し方、愛され方は、現代に生きる私たちに、幸せの本質をメッセージとして伝えてくれているような気がするのです。

【お市の方】 1547〜83

織田信長の妹。1563年、兄・信長の命令で浅井長政の妻となり三女二男の母となる（長女は、後の豊臣秀吉側室・淀殿）が、信長が浅井氏を滅ぼしたため信長のもとに戻る。82年、織田家の重臣・柴田勝家と再婚。翌年、秀吉が勝家を攻めた際に夫とともに自刃。

4番目以降の条件は捨てる

相手に依存していると、相手のあらばかりが目についてしまいますが、依存心を手放して、「自分が相手を幸せにしよう」と心に決めたら、相手のいいところに光を当てることができます。

でも、「依存心を手放す」って、これができれば苦労はないわけで、ついつい相手に依存してしまうのが人間です。では、どうすればいいのか?

私がマゼンダの会員さんにいつも申し上げているのは、「相手に望むことをいくつ挙げてもいいから、その中から優先順位の高いものを3つだけ選んでね」ということ。**優先順位を明確にしておけば、いいご縁を逃すことも少なくなるのではないか**と思うのです。

恋愛、結婚、就職、マイホーム購入といった大きな選択から、休日に「外出しようか家でのんびり過ごそうか、どちらにしよう?」という小さな選択まで含めると、人生は、選択の連続と言えます。

自分が選択した道を、誰だって後悔したくはないですよね。そのためには、自分の価値観

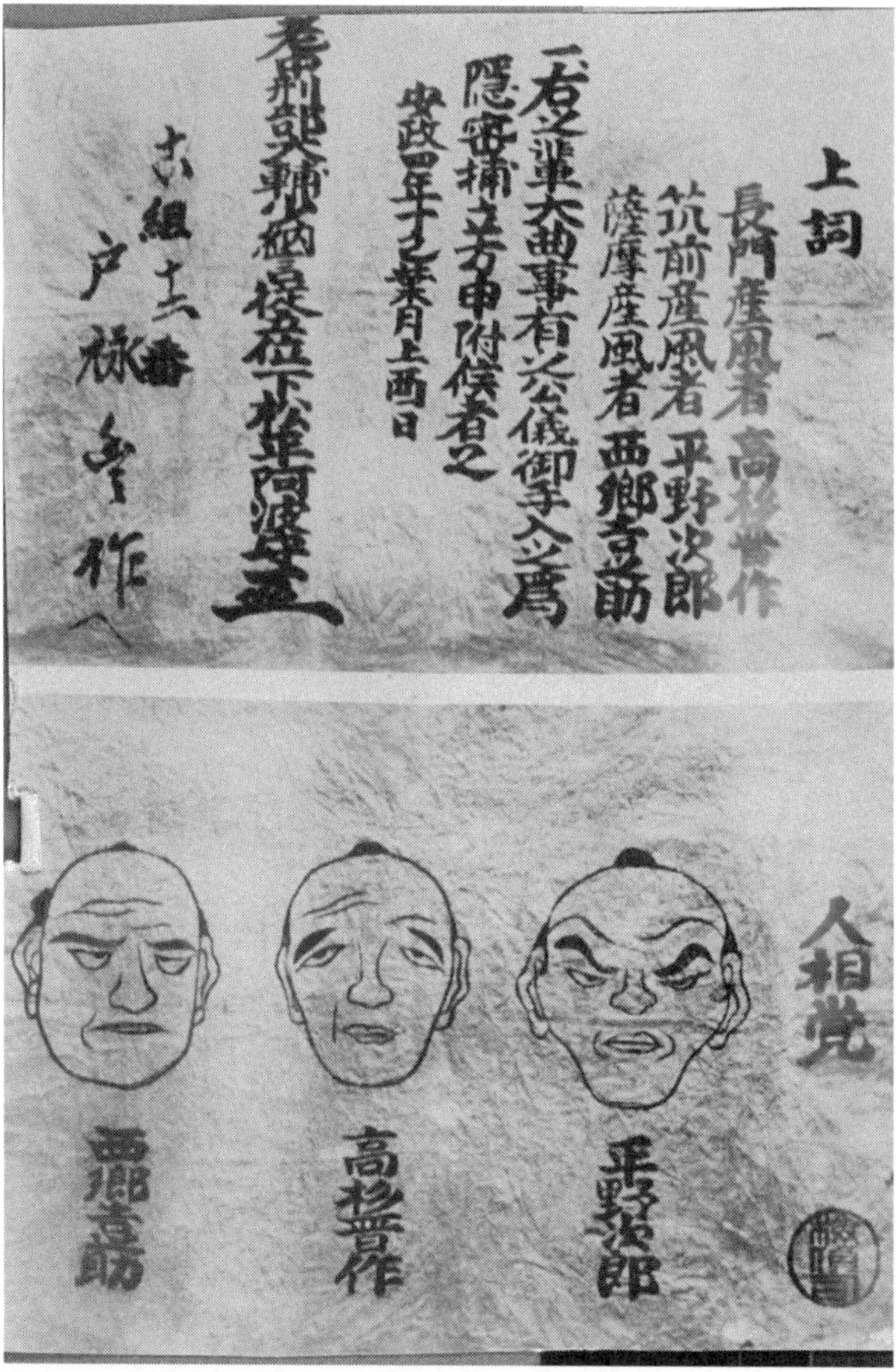

安政4（1857）年に出回った、高杉晋作の人相書き（幕府の指名手配書）
（左は西郷隆盛、右は平野国臣）

と向き合って、優先順位を明確にすることがひじょうに大切です。それこそが「賢者の選択」だと思います。

結婚、仕事、マイホームといった重大な決定に際して、私がいつも心がけているのは、「自分が相手（対象となるもの）に望むことは何なのか、その優先順位を明確にし、条件を3つだけ選ぶ」ということです。

これはイギリスでの研究結果ですが、恋愛や結婚において、**すべての条件をクリアする相手と巡り合える確率は、なんと28万分の1**なのだそうです。この確率って、「ほぼ今生《こんじょう》では巡り合えない」ということですよね（笑）。

だから、あえて4番目以降の条件を捨ててみる。それでも、上位3つの条件を満たしている相手（対象）との出会いって、素晴らしいと思いませんか⁉

優先順位を明確にするって、どういうことかというと、**自分自身の幸せ感に気づく**ことなんです。幼少期から今まで、自分がどんなときに幸せを感じてきたか、思い起こしてみてください。

家族全員がそろって笑顔で食卓を囲んでいる、そんななにげない日常の一コマに幸せを感じる人もいれば、新しい出会いに刺激を受けたり、旅行や異文化との交流など、非日常の世界に幸せを見つける人もいるでしょう。合唱コンクールや体育祭など、何かをやり遂げて達成感を味わうことに無上の喜びを感じる人もいるかもしれません。

自分の幸せ感に気づけば、幸せな人生を送るためにどんなパートナーがふさわしいのかが、わかってきますよね。そうすれば、いたずらに世間の価値基準に振り回されることもなくなってくるのではないでしょうか。

幕末の志士・高杉晋作《たかすぎしんさく》には、心から愛し、若い晩年をともに過ごした、おうのという女性がいます。下関《しものせき》の芸妓《げいぎ》だった彼女を、晋作が身請《みう》けしたのです。

長州藩（現在の山口県）の討幕派のリーダーとして、命を狙われることもあった晋作は、片手に三味線（晋作は都々逸《どどいつ》が好きで、よく三味線を弾《ひ》きながら即興で都々逸をつくり披露していたそうです）を持ち、もう片方の手でおうのの手を引きながら、駆け落ちを装ってピンチを脱したこともありました。

幕末のロマンスとしては、龍馬とおりょう、桂小五郎《かつらこごろう》（後の木戸孝允《きどたかよし》）と幾松《いくまつ》が知られています。おりょうや幾松は、ひじょうに機転が利くタイプで度胸もすわっていたので、龍馬や小五郎に追手《おって》が来たのを察知すると、逃がしたり匿《かくま》ったりして、恋人の危機を救いました。それに対し、晋作が愛したおうのは、2人とは正反対のタイプ。「右を向け」と言われれば、いつまででも右を向いているような女性。そんなふうに伝わっています。きっと素直でおとなしく、おっとりしていて、守ってあげたくなるような女性だったのでしょう。

国事に奔走する晋作は、彼のスポンサーである下関の豪商・白石正一郎《しらいししょういちろう》のもとにおうのを預け、数カ月留守にすることもありました。

そんなとき、晋作は、人がよくてあまりにも素直なおうのの身辺を気遣い、「人にならぶられぬようにせよ」と手紙で忠告しています。

そのようなおうのに対して、晋作を慕《した》っていた伊藤博文《いとうひろぶみ》や井上馨《いのうえかおる》は、「高杉ほどの男が、なぜあのような女とつきあっているのか」と、半《なか》ばあきれ、不思議がりました。「晋作がおうのとつきあうなんて、釣り合わない」というのが、2人の言い分なのでしょう。

それに対し、晋作は、「あいつのそんなところがかわいいのさ」と、まったく意に介さず、晋作の死によって2人に別れが訪れるまで、ずっとおうのをそばに置き続けました。

晋作は、おうのの膝枕《ひざ》で寝るのが好きだったそうです。もともと鋭敏な性質《たち》だった晋作が、命を狙われながら国事に奔走するには、安心感と癒《いや》しを与えてくれるおうのが、最高のパートナーだったのでしょう。

「恋は盲目」「あばたもえくぼ」という言葉がありますが、晋作のおうのに対する思いは、「恋に落ちて相手の欠点が見えなくなった」というよりも、自分の幸せ感が明確だったから、周りの人たちからどう思われようが、自分にとっての最高のパートナーを選べたのではないかと思います。

その証拠に、晋作のおうのに対する思いはひじょうに深く、死期を悟った晋作は、おうののためにさまざまな手を打ちました。

まず、おうの自身には、自分の死後、墓守《はかもり》をして過ごすよう遺言します。さらに晋作は、亡くなる間際に藩主から「谷」（晋作は梅の花を愛し、自らを「谷梅之助《たにうめのすけ》」と名乗りました）姓とそれに基づく禄《ろく》を贈られていますが、おうのに谷姓を名乗らせ、一定の給付を受け取る公的な存在にし、生涯生活に困らないようにしたのです。

晋作が亡くなると、おうのは出家して谷梅処尼《ばいしょに》と名乗り、晋作が眠る東行庵《とうぎょうあん》の庵主となり、晋作の遺言の通りに、その菩提を弔いながら静かで穏やかな後半生を過ごしました。

一説には、晋作の死後、ボーっとしたところがあり、脇が甘いおうのが、他の男性と浮名《うきな》でも流したら「晋作の名が汚される」と考えた伊藤や井上が、無理やり剃髪《ていはつ》させたとも言われていますが、彼らの思惑《おもわく》とは別に、晋作は、自分がいなくなった後のおうのの人生を案じていたに違いありません。

これといった取り柄《え》のないおうのが、新しい時代を生き抜くためには、自分の墓守という立場が一番いいのではないか、それを続けるかぎり、伊藤や井上が悪いようにはしないだろうと、考えたのではないでしょうか。


おうのが晋作のことをどれほど愛していたかということは、残念ながら記録には残っていません。おそらくおうののような女性は、愛されることに喜びを感じ、心から晋作を慈しむことで彼の深い愛に応えたのだろうと思います。

自分を必要としてくれる人、自分の存在を喜びとしてくれる人に、もっともっと喜んでほしい、その人を慈しみたい……そんな思いが溢《あふ》れる、優しい女性だったのではないか、そんな気がします。

他人から「なぜあのような女性とつきあうのか?」と言われても、晋作の人生には、おうののような女性が必要だった。そして自分を必要としてくれる人に尽くすことで、おうのも気持ちが満たされ、幸せを感じていた。

傍《はた》から見たら、2人はけっして「お似合いのカップル」ではなかったかもしれませんが、ともに自分の幸せの源泉を知っていて、そのうえで互いに選び選ばれた2人だったと言えるのではないでしょうか。

【高杉晋作】 1839~67

幕末の志士。長州藩出身。吉田松陰の松下村塾で学ぶ。1863年、武士と庶民の混成部隊「奇兵隊」を組織。翌年、英仏米蘭の4カ国と下関で戦い、和議交渉の全権を担当。66年の第二次長州征伐では海軍総督として幕府艦隊を退けた。これにより幕府の権威は失墜した。

理想のパートナーはこの世に存在しない

私には、娘と息子がいますが、息子を育てていて、気づいたことがあるんです。

主人には、テキパキ家事を手伝ってもらえたらありがたいし嬉しいのですが、もし息子がテキパキと片づけや手伝いを始めたら、嬉しさは半分で、なんとなく寂しさを感じてしまうのではないか……と。逆にモタモタしている息子を見ると、不安にもなる半面、「やっぱり私がいないとダメなのね」と思ってしまう。多くの母親にとっては、そんなダメな息子が喜びでもあり、そこに自分の存在意義を求めているような気がするんですよね。

そこで、恋愛や結婚のパートナーを探している女性に、ぜひお伝えしたいことがあります。世の中の男性は、母親が育てるわけです。母親は、「将来この子の彼女や妻になってくれる女性のために、この子を最高のパートナーに育てよう」とは思っていません。**「自分にとっての理想の息子に育てたい」というのが、母親の正直な気持ちです。**

ということは、理想のパートナーなんて、この世に存在するわけがないのです。

ちなみに、武家社会では、殿様に跡継ぎの男の子が生まれると、その子は両親から引き離され、母親の代わりに身の回りの世話をする乳母《めのと》と、父親の代わりに帝王学を授ける養育係が付けられました。

乳母や養育係は、人格や技量がその役目にふさわしい人が選ばれ、彼らが最高の教育を施《ほどこ》したわけですから、その中には、もしかしたら、理想のパートナーと呼べる人がいたかもしれませんね。

では、現代の女性たちはどうしたらいいのでしょうか。

初めから完成品を求めたら、それこそ片方落としたピアスを砂浜で探すぐらい大変です。一生かかっても、見つけられないかもしれません。

だったら、完成品を求めるのではなく、**理想の息子として育てられた男性を、自分で理想のパートナーに教育し直せばいいのです。**そう考えると、グッと可能性が広がりますね。

これは、後に日本一の天文学者となり、伊能忠敬《いのうただたか》を育てた高橋至時《たかはしよしとき》の若かりし頃のエピソードです。いつの時代も、学者は、才能が開花するまでが大変。でもそれだけに、下積み時代には、周りの人々に支えられた素敵なエピソードがあるものです。

幕府の下級役人であった至時の暮らしはラクではなく、着物や食べ物を極力節約することで、なんとか研究を続けていました。どのくらい生活が苦しかったかというと、庭にある柿の木に実った柿を売って、暮らしの足しにしていたほどです。この柿の木は、高橋家にとって財産といってもよく、毎年秋になると、見事な実をたわわに実らせました。

ところが、柿の実る頃になると、近所の悪ガキたちが、毎夜、柿を取りに庭に忍び込んでくるようになりました。悪ガキたちは、夜になると、至時が屋上で天体の観測をすることを知っていて、その時間を待って柿を盗みに来るのです。

貴重な収入源である柿の実を盗まれたら一大事！　至時は、柿の実が気になって、おちおち天体の観測をしていられなくなりました。


そんなある日のこと……。

至時が役所から帰ってくると、高橋家の財産とも言える柿の木が、根元からバッサリ伐《き》られているではありませんか！　きっと悪ガキたちが伐り倒したに違いありません。

至時は、奥さんを呼んで状況を確認しようとしました。すると、意外なことに、奥さんが伐らせたということがわかったのです。

「大事にしていた柿の木を、どうして伐り倒してしまったのか」

至時が語気を強めて詰問《きつもん》すると、彼女は少しも悪びれずに、こう言ったそうです。

「お許しを得ないで、大事な柿の木を伐らせてしまったのはお詫び申し上げますが、柿の木とあなたの学問は、どちらが大切でございましょうか。あなたは、今、研究に打ち込まなければならないときでございます。それなのに、柿の木が気がかりで、研究に打ち込めないご様子……。ですから私は、柿の木を伐らせたのです」

妻の言葉を聞いて、至時は、柿の木などに気をとられていた、うかつな自分を恥ずかしく思うと同時に、自分を信じ、自分の研究にこれほどまでに心を配ってくれている妻の気持ちが身にしみて、嬉しく感じられました。

このとき、彼はあらためて立派な学者になることで妻の愛にこたえようと、心に誓ったのです。

このような妻の励ましがあって、至時は貧しいながらも研究を進めることができ、当代一の「天文学者」、そして「暦《れき》学者」となりました。彼の知識と情熱は、弟子の伊能忠敬に受け継がれ、精密な日本地図として結実するのです。

幕末、測量のための特別な機械など持たないこの国に、あっと驚くような精巧な地図が存在していた……。度肝《どぎも》を抜かれた欧米人たちは、未開の国として蔑《さげす》んでいた日本に対し、その見方を改めたと言われています。そしてこの時代、アジア・アフリカのほとんどの国において、欧米列強による植民地化や実質的な支配が進む中、ついに日本は独立を守り抜くことに成功したのです。

夫婦愛が、日本の危機を救った……と言ったら、ちょっと大袈裟《おおげさ》でしょうか。でも、「男は女を護《まも》り、女は男を育てる」。その男女関係のあり方には、多くの人が共感してくださると思います。

人間関係は、鏡です。自分の接し方によって、相手も変わっていくのです。至時夫妻のように、お互いがいい刺激を与えあい、成長しあえる関係が、理想の夫婦像なのかもしれませんね。

【高橋至時】 1764〜1804

江戸時代の天文学者。大坂出身。天文暦学を麻田剛立《あさだごうりゅう》に学ぶ。幕府の寛政改暦の際に、剛立は弟子の至時と間重富《はざましげとみ》を推薦、至時は天文方として改暦事業に貢献した。日本初の実測地図を作製した伊能忠敬の、19歳年下の師匠としても有名。長男は天文学者の高橋景保《かげやす》。

上杉《うえすぎ》鷹山《ようざん》の孤独を救ったもの

2013年に出版した『感動する！日本史』（KADOKAWA）に、米沢藩《よねざわはん》（現在の山形県）の再興を果たした藩主・上杉鷹山の話を書かせていただき、多くの人々から「感動した」という有り難いお声をいただきました。鷹山の功績を、その師匠である細井平洲《ほそいへいしゅう》との師弟の絆を軸にして書かせていただいたのですが、実は鷹山に関しては、もうひとつどうしても皆さんに知っておいていただきたい話があるのです。それは、「鷹山の優しさの秘密」とも言うべき、素敵なエピソードです。

上杉鷹山は、日向高鍋藩《ひゅうがたかなべはん》（現在の宮崎県）の秋月《あきづき》家の次男として生まれました。幼い頃から優秀だった鷹山は、母方の祖母の実家であり、男子のいなかった米沢藩・上杉家の養子となります。

米沢藩8代藩主・上杉重定《しげさだ》の娘・幸姫《よしひめ》（鷹山より2歳年下）と将来結婚することを前提に、この養子縁組は決まりました。鷹山9歳のときのことでした。

ちなみに、江戸時代の名君というのは、鷹山をはじめとして、養子が多いですね。世襲では優秀な子を選ぶというわけにはいきませんが、養子なら、できるだけ優秀な人材を選ぶことができます。それに養子となる側にとっても、実家を継ぐことのできない自分を養子に選んでくれたということで、養家に対する感謝の気持ちが自然とわき起こってきて、それがやがて家中の期待に応えたいという思いに繋がり、養家のために尽くす健気《けなげ》さを育てていくのでしょう。

さて、その上杉家ですが、関東管領《かんれい》職を継ぐ屈指の名門でありながら、謙信《けんしん》の養子・景勝《かげかつ》の代に、関ヶ原で石田三成《いしだみつなり》に味方したことで、会津120万石から米沢30万石に減封《げんぽう》され、さらにその後の家督相続の混乱で、15万石にまで減らされていました。もとの120万石と比べれば、そのわずか8分の1の石高《こくだか》です。

本来なら家臣団をリストラして、15万石という石高に見合った支出に抑えなければ、藩財政は破たんしてしまいます。

ところが上杉家は、「名門・上杉に仕えている」ということを誇りに思っている6000人の家臣団を、召し放つことができませんでした。そのため米沢藩は、他藩とは比較にならないほど、人口に占める武士の割合が高く、人件費だけでも藩財政に深刻な負担を与えていました。

つまり、米沢藩では、収入は8分の1になったのに、支出は変わらないという、恐ろしい状況が続いていたのです。当然、支出が大幅に超過している分を、借金でまかなう……という悪循環が生まれます。

鷹山が17歳で上杉家の当主となったとき、かつての名門・上杉家は、20万両（現代の貨幣価値に換算すると約120億円）にも及ぶ借財を抱《かか》え、その居城のある米沢は、領民が重税にあえいで夜逃げをするほど荒れた貧しい土地でした。

実は、鷹山を養子にした前藩主・重定は、幕藩体制ではあり得ないことですが、あまりの借金苦に絶望して、徳川幕府に対して「土地も領民もすべてお返ししますので、米沢藩をなんとかしてください」と、藩主自らが領地の返上と領民救済を幕府に委《ゆだ》ねようとしたと言われています。

そこに鷹山が登場して、30年という気の遠くなるような年月をかけ、その財政難を乗り切っていくんです。厳密にいうと、鷹山が亡くなった次の年なんですよね、上杉家がすべての借金を返し終わったのは……。

17歳で家督を継いだときに、鷹山が詠《よ》んだ歌が、これです。

「受け継ぎて　国の司《つかさ》の身となれば　忘るまじきは民の父母」

当時、17歳で家督を継ぐというのは珍しいことではありませんでしたが、17歳の若者が、「今日から自分は民の父母である。そのことをけっして忘れまい」と誓った、その健気さを思うとき、胸に熱いものがこみ上げてきます。

鷹山は、前藩主・重定と正室の間に生まれた幸姫と結婚し、上杉家の当主となったわけですが、実は、この結婚には、悲しい事実が隠されていました。

鷹山と幸姫の間には、通常の夫婦関係というものが一切存在しなかったのです。幸姫には、脳障害と発育障害があったと言われていて、彼女の心と体は10歳にも満たない幼女のようだったといいます。

鷹山が自分のお婿さんだと、幸姫にはわかっていたのかどうか……。

鷹山が彼女の部屋を訪れると、幸姫は人形を渡して、「一緒に人形遊びをしましょう」とせがむんですね。すると、鷹山はいつも黙って微笑みながら人形を受けとり、幼女のような妻を相手に根気強く遊ぶんだそうです。

それを見て、女中さんたちはみんな、襖《ふすま》の向こうで泣いていたといいます。鷹山が哀れでもあり、その優しさに感動もしたんでしょうね。

ところが、一説によると、幸姫の父である前藩主・重定は、娘がそのような状態だとは知らなかったといいます。幸姫は正室の生んだ子ですから、生涯を江戸藩邸で暮らしました。重定は参勤交代で国許《くにもと》と江戸を行き来し、鷹山に家督《かとく》を譲ってからは米沢に隠居したため、江戸藩邸の娘とは幼少時から顔を合わせていなかったのが理由だそうです。

その重定が、幸姫が30歳で亡くなったとき、娘の遺品を手にして初めてその状態を知り、不憫《ふびん》な娘に対する鷹山の心遣いに涙し、あらためて感謝したと言われています。

幸姫がまだ存命のころ、上杉家の血筋が絶えてしまうことを憂《うれ》えた重臣らのすすめで、鷹山は側室を持ちました。けれども、鷹山の幸姫を大切にする気持ちは変わらず、彼女がその短い生涯を終えるまで、慈《いつく》しみ続けたのです。

何年も、何年も、幼女のような妻を相手にひな飾りや玩具《がんぐ》遊びをしていた鷹山の姿を想像すると、悲しみとも、感動ともつかない、何とも言えない気持ちで胸がいっぱいになります。

その一方で、鷹山は、借金まみれの上杉家を立て直そうと、孤軍奮闘を続けました。

余談ですが、私は航空会社を退社してから、20年近く社員教育に携《たずさ》わってきました。私が関わらせていただいた企業の多くでも、若い社員たちが会社を改革しようという意識を持ち、新しいことを受け入れていろいろな取り組みを行なうのに対し、企業の要職に就《つ》いている人たちがなかなか変わらない、あるいは、「変わらなければ」という気持ちはあっても実際にはなかなか変われない……そんな状況を目《ま》の当たりにしてきました。

米沢藩の場合も、似たような状況だったのではないでしょうか。鷹山は、こうした抵抗勢力に悩まされながら、厳しい環境の中で、30年を超える長い年月をかけ、改革を見事に結実させたのです。

当然ながら、それはけっして平坦《へいたん》な道のりではありませんでした。若い藩主の強権的な改革は、長年特権の上にあぐらをかいてきた上級家臣たちの反発を招きます。そしてついに老臣7名が、鷹山に対して反旗を翻《ひるがえ》したのです。本来なら藩主を支える立場にある藩の重《じゅう》鎮《ちん》たちが、若い藩主を軽《かろ》んじ、自分たちの既得権益を守ろうとしている……。

でも、改革は必要。あと戻りはできません。この重大な局面に、鷹山のとった行動には、その覚悟が表われていました。

断腸の思いで、7人の重臣に対して、切腹あるいは閉門（謹慎処分）、減知（知行《ちぎょう》＝土地を減らすこと）など、果断な処分を下したのです。

もしここでもたもたしていたらお家騒動に発展し、徳川幕府によって上杉家は取り潰《つぶ》されてしまったでしょう。その大きなピンチを目の前にして、鷹山は鮮やかにその手腕を発揮し、乗り切っていったのです。

改革者には、民の父母としての深い情愛も大切ですが、時に、断固たる厳しさ、強さ、覚悟が求められます。そもそも鷹山は養子という微妙な立場ですから、風当たりはさらに強かったでしょう。おそらく鷹山は、言いようのない孤独感を抱えていたのではないかと思います。

その孤独感に、鷹山はどうやって打ち勝ったのでしょうか。

そのことを考えてみたときに、私は、人間関係の妙に気づかされました。

鷹山の深い孤独感を救ってくれたのは、精神年齢が10歳にも満たない幸姫の無邪気な笑顔だったのではないか、と……。

鷹山は、一生懸命彼女に合わせてお人形遊びをしてあげたけれど、実は、目の前にいるその女の子のあどけない笑顔に、すごく癒されていたんじゃないかな。だから、あれだけの過酷な改革を乗り切れたんじゃないかなっ、て。

つまり、鷹山の心の一番深いところを、幸姫が支えていたのではないか、そんなことを感じたのです。

人間関係って、どちらか一方が与え続け、他方は受け取るだけということはあり得ないと思うんです。与え続けている側も、実はお金や物ではなく目に見えないもので返してもらっていて、釣り合いが取れているから、人間関係が成り立つと思うんですよね。

鷹山の悲しい夫婦生活が、人間関係の本来の在り方というのを、私に教えてくれたような気がしました。

そして、鷹山は優しい人だったと思うのですが、その優しさは、もともと鷹山が持っていたものでもあり、同時に、幸姫との夫婦生活の中で育《はぐく》まれていったのかな、とも思います。つまり、傍目《はため》には不遇とも思える幸姫との結婚生活が、鷹山の優しさの秘密だったのではないか、そんな気がしてならないのです。

そう考えると、どんな環境や出来事にも、人生における意味を見出《みいだ》すことができますね。

人間関係に、一方的な関係なんてありえない。与えることと受け取ることは表裏一体。そして、どんな環境や出来事にも意味がある。

そのことに気づいた時、鷹山がそうであったように、人は、真の優しさと強さを持てるのだと思います。

【上杉鷹山】 １７５１〜１８２２

米沢藩主。１７６７年に藩主になるとただちに藩政改革に着手、質素倹約を自ら実践するとともに、行政刷新と殖産興業に尽力。桑や漆など商品作物の栽培と牧畜・養蚕《ようさん》・製糸などの新産業開発に力を入れる。同時代の藩政改革の中で、最も優れた改革者と評価されている。

大友《おおとも》宗麟《そうりん》の人生が教える、一瞬で幸せになる方法

16世紀にヨーロッパで用いられた世界地図には、日本の所に「BUNGO」「JAPAN」と記《しる》されています。当時の日本では、豊後《ぶんご》（現在の大分県）こそが、南蛮《なんばん》文化が花開くキリスト教の一大拠点でした。

豊後の国主は大友宗麟《おおともそうりん》。彼は、親交の深かった宣教師フロイスには「日本で最も叡智《えいち》聡明な王」と絶賛されていますが、江戸時代に書かれた史書では「強情・好色・浪費家」と酷評されています。

人間は多面的な存在ですから、見る人によって評価が分かれるのはよくあることですが、ここまで両極端な評価を受けるのは、珍しい例ではないでしょうか。

宗麟は、キリシタン大名として有名ですが、彼とキリスト教の出会いは、20歳で豊後の国主となって、ほどなくのことでした。日本にキリスト教を伝えたイエズス会の宣教師フランシスコ＝ザビエルに出会い、彼の熱意に感動して布教を許可したのです。

宣教師たちは、宗麟の支援を受け、教会・病院・育児院などを建設し、貧しい領民を救済しました。この病院は、日本最初の総合病院と言われ、日本初の外科手術も行なわれたそう

です。

大友家は、宗麟の代で版図《はんと》を最も拡げ、一時は龍造寺《りゅうぞうじ》・島津とともに九州を三分するほどの大勢力となりました。しかし天正《てんしょう》6（1578）年に耳川《みみかわ》の戦いで島津氏に敗れると、その後は衰退の一途をたどり、配下の離反にも悩まされました。

進取の気性を持ち、優れた文化人でもあった宗麟は、キリスト教に傾倒しすぎて既存勢力の反発を招き、孤立していったのでしょう。一説には、耳川（現在の大分県木城町《きじょうちょう》）の戦いで大敗を喫したのも、宗麟が戦場のはるか後方で礼拝に耽《ふけ》っていたため将兵の士気が上がらなかったからだ、と言われています。

当時は、貿易を目当てに宣教師を保護し自分も洗礼を受ける、いわゆる〝キリシタン大名〟が多数いましたが、宗麟の場合は、キリスト教の信仰そのものに興味を持ち、深く傾斜していったようです。その極端な傾斜のしかたやスキャンダルにまみれた女性関係からは、苦悩と葛藤に満ちた彼の人生が浮かび上がってきます。

奈多《なた》八幡宮（大分県杵築《きつき》市）の大宮司《ぐうし》の娘である正室・奈多夫人とは、キリスト教入信が

ポルトガル人が大友宗麟に献上した大砲（靖国神社内の遊就館所蔵）

きっかけで離婚したと言われていますが、離婚前も、わざわざ京の都に赴《おもむ》いて美女を探し略奪婚を繰り返した、美人と評判の家臣の妻を奪って側室にし、武士としての面目を失った夫が自害した……など、不名誉な逸話が数多く残されています。

彼がここまで女性に執着したのは、幼少期の境遇が影響しているのかもしれません。宗麟を産んだ母は若くして亡くなり、再婚した父は、宗麟の異母弟を溺愛《できあい》したのです。

肉親の情愛に飢えていたであろう宗麟。その彼の心が、満たされる瞬間がやってきます。それは、島津氏を相手にした、臼杵城《うすきじょう》（現在の大分県臼杵市）の攻防戦。一時は九州6カ国を支配した大友氏も、島津氏によって本拠地の豊後も脅《おびや》かされ、もはや風前の灯《ともしび》でした。この時、臼杵城に籠《こも》った宗麟は、逃げまどう数千の領民を城に入れ、自《みずか》ら握り飯を配り、衣服を与え、窮乏する民を救うために全力を尽くしたと言われています。

戦の方も、宗麟は土壇場で、戦国大名としての意地を見せました。大友軍は、臼杵城を死守したのです。その直後、宗麟の懇請を受けて支援に来た秀吉軍によって九州は平定され、大友氏は、もとの豊後一国を安堵《あんど》されました。けれども、宗麟が豊後の国主として再び君臨することはありませんでした。宗麟の息子が豊後を治めたのです。

若い頃から戦いに明け暮れた宗麟も、このときすでに50代後半、人生最期のときを迎えようとしていました。

宗麟の人生に思うこと。それは、人は、与えたものだけを得ることができる、ということです。愛欲も領土欲も手放し、臼杵城で領民に愛を与えたとき、彼の心は初めて満たされたのではないでしょうか。

肉親の情愛に飢え、その欠乏感を埋めようともがき続けた宗麟の人生。もがけばもがくほど、望むものはどんどん遠ざかっていく。そんな悪循環の繰り返しだったのではないかと思います。

でも、人生の最後の瞬間に、彼は愛を求めることをやめて、与えたのです。領民を心から慈《いつく》しんだ時、きっと彼は生まれて初めての安心感、幸せ感を味わったのだと思います。

領土よりも愛欲よりも、もっと大切なものを得た彼は、愛に溢れて穏やかに人生の幕を閉じたのではないでしょうか。

私自身の経験をお話しすると、私は結婚してからずっと不満だらけでした。当時の私は、女性は男性に幸せにしてもらうものだと思っていて、そう思うほどに、主人がこれもしてくれない、あれもしてくれないと、結婚生活がブルーになっていったんですね。

その頃は航空会社に勤務していたのですが、帰宅拒否症になって、仕事が終わってもやたらと会社に残って、独身の先輩や同僚といつまでもご飯を食べたりお茶を飲んだりしていました。

でも、あるとき、こんな生活を続けていても楽しいことなんて何もないと気づいて、「そうだ、私が家族を幸せにしよう」と決めたんです。そう思ったら、途端に不満がなくなったのです。

自分が幸せにするんだから、相手があれもしてくれない、これもしてくれないなんて、まったく気にならなくなります。不思議なことに、**相手を「幸せにしよう」と思った瞬間に、自分が幸せになっていた**んです。

何か行動に移したわけでも、状況が変わったわけでもありません。自分の思いが変わっただけで、人は幸せになれるんですね。

「愛してほしい」

「幸せにしてほしい」

相手に求めるほどに、依存心が大きくなり、不安や不満も大きくなって、欲しいものは遠ざかってしまう。

「いま目の前にいる人を大切にしよう。この人に笑顔になってもらうために、自分には何ができるだろう?」

与えることを考えると、求めても手に入らなかったものが、その瞬間に手に入ります。そこには、依存心なんて入り込む隙間《すきま》はありません。不安や不満も、雪のように溶けて消えてしまいます。

求めるのは「for me」の思いが強いから。与えることができるのは、「for you」の思いが勝《まさ》っているから。

もちろん人間ですから、我欲をすべて手放すことなんてできません。でも、すべてを手放す必要なんてないのです。ほんの少し「for you」の思いが勝《まさ》っていればいいんです。

49%は「for me」でいいから、51%だけ「for you」の思いを持つと、人生が劇的に変わっていくようですよ。

【大友宗麟】 1530〜87

安土桃山時代の武将。一時は豊後・豊前・筑後・筑前・肥後・肥前6カ国を支配し九州に権勢を振るう。しかし1578年に日向国（現在の宮崎県）耳川で島津氏に大敗後、次第に衰退。82年、大村純忠《すみただ》・有馬晴信《はるのぶ》とともに日本初の遣欧使節団をローマ法王のもとに送る。

〈第4章〉

日本史を彩《いろど》る、「愛され上手」列伝

夫婦愛、師弟愛、友情……。
さまざまな人間関係の中で、絆を育んできた歴史上の人物たち。
彼らの人生の裏に、どんな秘話があったのか。日本史上の「愛され上手」な人たちの生涯から、さまざまな人間ドラマ、さまざまな愛のカタチを掘り起こしてみました。

下級武士出身の福澤諭吉《ふくざわゆきち》が、なぜ咸臨丸《かんりんまる》に乗れたのか

「歴史上の人物で誰が一番好きですか？」

この質問を受けるたびに、私は頭を抱えてしまいます。だって、私にとって歴史上の人物は、幼い頃からの話し相手であり、自分を誰よりも理解してくれる人たち。そんな親友たちを簡単にランキングできるものではありません。

ただ、その中でも特に好きな人物を3人に絞って挙げることならできるかな、と思います。その3人とは、島津斉彬、空海、そして福澤諭吉。彼らの共通点は、「本質を摑《つか》む天才」であったということ。何かひとつのことを深く学び、究《きわ》めていくという生き方も素敵ですが、

咸臨丸で渡米した福澤諭吉たち（右端が諭吉）

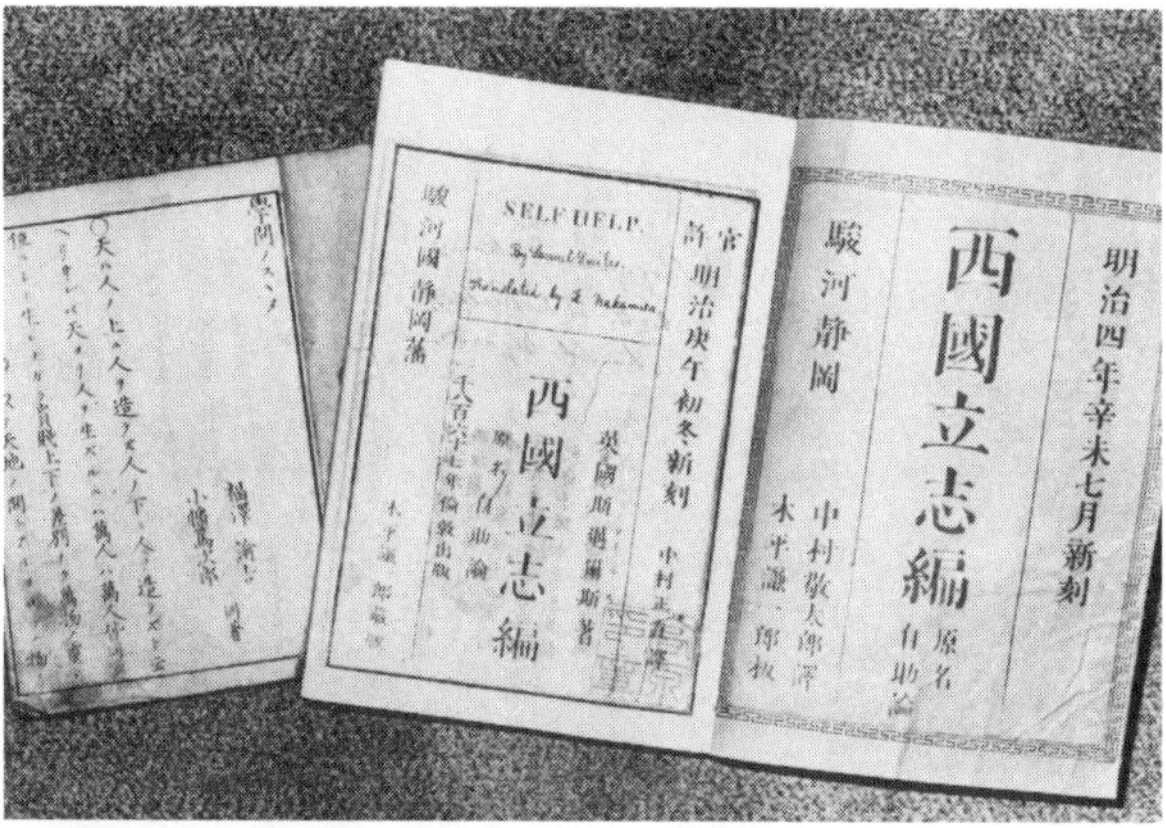

明治時代のベストセラー、『西国立志編』（中村正直訳）と
福澤諭吉の『学問ノスヽメ』（左）

全体を捉《とら》え、その最も大切な部分を伝えてくれる人が、私は好きなんです。

例えば、福澤諭吉。彼は江戸時代末期に、咸臨丸《かんりんまる》に乗ってアメリカに渡りました。幕末から明治にかけて、多くの日本人が世界に羽ばたき、海外の進んだ科学技術、文化、制度を吸収して帰国しましたが、諭吉の場合は、技術や方法論を学んできたのではありません。「この素晴らしい文明を成り立たせているものは何なのか」を確かめるために、はるばる太平洋を越え、アメリカの地を踏んだのです。

やがて彼は気づきます。西洋文明は、〝自由と平等〟の精神を根底にして成り立っているということに……。

帰国した諭吉は、日本の近代化のために最も大切なこと、さまざまな技術や方法論が枝葉《えだは》だとしたら、幹《みき》や根っこに当たる部分を伝えようとします。でも、〝自由と平等〟なんて、当時の日本には、概念として存在しません。

それらを求めて立ち上がり、革命を起こした西欧諸国に対し、明治維新は、異質です。支配階級である武士たち（多くは下級武士でした）が、国の危機に際して立ち上がり、自己犠牲を伴う社会変革（＝明治維新）を成し遂げたのですから。

だから諭吉は、〝独立自尊〟という、当時の日本人でも理解できる言葉で、西洋文明を成り立たせている精神を表わしたのです。その諭吉の発信基地が慶應義塾でした。

『福翁自伝《ふくおうじでん》』という福澤諭吉の自叙伝を読んだ中学生の私は、どうしてもその慶應義塾に入りたくて、猛勉強し、高校の入試に合格したのですが、高校、大学での歴史や古文の授業を通して私の歴史観の骨組みができたことを考えると、何かに導かれたような不思議な縁を感じます。

さて、その諭吉のエピソードをお伝えする前に、咸臨丸について触れておきましょう。

嘉永《かえい》6（1853）年、ペリー来航が鎖国体制を根底から揺るがすと、さまざまな交渉の末、翌年に「日米和親条約」が、そして安政5（1858）年に「日米修好通商条約」が締結されます。この「日米修好通商条約」の中に、ワシントンにおいて批准《ひじゅん》書を交換するとの一文が明記されたことから、幕府は米国に使節団を派遣することとなりました。

安政《あんせい》7（1860）年、使節に任命された77名のサムライは、アメリカの軍艦ポーハタン号に乗り込み、品川《しながわ》沖から出帆《しゅっぱん》しました。やがて一行は、ハワイ、サンフランシスコを経てワシントンに赴き、無事、批准書交換の大役を果たしました。

これが世に言う「万延《まんえん》元年の遣米使節団」です。安政7年という年は、万延元年に当たるため、このように呼ばれたわけですが、この〝正式の〟使節団よりも有名になったのが、咸臨丸でした。

幕府はポーハタン号に不測の事態が起こった場合に備え、もう一つの「使節団」を用意し、咸臨丸に乗り込ませ、米国に派遣したのです。遣米使節団の副使を兼ねた咸臨丸の指揮官（提督役）に軍艦奉行《ぶぎよう》・木村摂津守喜毅《きむらせつつのかみよしたけ》を、艦長役に相当する教授方《がた》頭取に勝海舟を任命し、正式の使節団であるポーハタン号に随伴《ずいはん》させることにしました。乗組員には、長崎の海軍伝習所で勝の指導のもと操船技術を学んだ多くの若者が選ばれました。

実は、米国における条約批准書の交換を提案したのは、日本側です。条約の調印を日本でやったのだから、批准書交換は相手国で、それも副使の乗船する船とはいえ、自前の船を用意することで、独立国としての体面を保ち対等な関係をアピールしようとしたのでしょう。

使節団の派遣には費用や苦労が伴うわけで、けっして合理的な選択ではないかもしれません。でも、これぞサムライの心意気！　国家の危機に際して、なんとしても独立を守ろうとした、日本人の意地らしさが感じられるエピソードですね。

咸臨丸には、木村摂津守、勝海舟のほかに、ジョン万次郎《まんじろう》や福澤諭吉も乗り込みました。

日本の近代史上大きな役割を果たすことになる勝海舟と福澤諭吉の2人が同船していたことで、さらには日本人の手による初の太平洋横断という栄誉も加わり（実際には11名の米国人が乗船しており、悪天候のため荒れ狂う太平洋上で彼らの力が大いに発揮されました）、本家のポーハタン号以上に、咸臨丸が歴史にその名を刻んだというわけです。

ここで、やっと私の尊敬する福澤諭吉が歴史の表舞台に登場したわけですが、諭吉の父親は、九州の中津《なかつ》藩（現在の大分県）の下級武士。本来なら、諭吉の身分で咸臨丸に乗って渡米することは、叶わぬ夢でした。しかし諭吉は、当時蘭学に関して日本一の教育水準を誇った緒方洪庵《おがたこうあん》の適塾《てきじゅく》で、塾頭を務めたほどの語学力を有していました。しかも彼には、時代を見抜く眼力《がんりき》があったのです。

その諭吉が、適塾のあった大坂から江戸に居《きょ》を移し、開港した横浜に行ってみると、人々の話す言葉がまったく理解できません。看板の文字すら読めないのです。なぜなら、鎖国下の日本では、オランダ語が世界との唯一の接点でしたが、世界の趨勢《すうせい》は、とっくにオランダ語から英語に移っていたからです。

世界の趨勢に気づかない人が圧倒的多数を占めていた時期です。あるいは洋学者の中には、これから必要なのは英語だと気づいても、いったん身につけたオランダ語を捨てて新たに英語を学ぶということに抵抗を感じ、踏み切れない人が数多くいました。

そんな中、諭吉は、横浜で大きなショックを受けたのも束《つか》の間、新たな志を立て、英語の猛勉強を始めました。かつて適塾で蘭学を修めるために、何年間も寝る間も惜しみ、それこそ死に物狂いで勉強し、塾頭まで務めた諭吉。オランダ語日本一と言っても過言ではないほどの実力を持っていたはずです。その彼が、その座をあっさりと捨て去った……。

過去に執着しない、この見事なまでの潔さ。言葉で表わすのは簡単ですが、実行するのは至難の業《わざ》。それをいとも簡単にやってのけたところに、諭吉の魅力その1があります。

さて、英語への転身を決意したものの、その後がまた茨《いばら》の道でした。なぜなら、英語を教えられる人が、当時の日本人の中にはいなかったからです。

中津藩に頼みこんで英蘭辞書を手に入れると、独学でしたが、読み書きは着実に進歩していきました。問題は発音です。発音だけは、辞書を引いてもよくわかりません。

師もいない、仲間もいない、そんな環境で彼が頼りにしたのが、長崎から来たという子どもや漂流者。諭吉はなりふりかまわず、彼らから発音を習いました。

たとえ諭吉に時代を見抜く眼力が備わっていたとしても、中途半端なプライドを持っていたら、子どもや漂流者に教えを乞《こ》うなんて、できなかったでしょう。子どもや漂流者に頭を下げて教えを乞うことができたのは、プライドがないからでなく、本物のプライドがあったから。諭吉の魅力その2は、**本物のプライドを持っていた**ということでしょう。

江戸時代にオランダ語を学んだ者の多くが、過去の努力や名声に縛られ、英語への転身に踏み切れず、時代の変化に対応できなかったことを考えると、諭吉の行動力、そして本質を掴む「嗅覚《きゅうかく》」というか、「勘」には、脱帽です。

さてさて、福澤諭吉について語りだすとどうしても長くなってしまいます。

後半は諭吉の人づきあいについて、お話ししましょう。

【福澤諭吉】　1834〜1901

思想家、教育家。中津藩出身。慶應義塾大学創始者。緒方洪庵から蘭学を学ぶ。60年から67年にかけて3度、幕府使節団に随行して欧米へ。明治維新以降は新政府の招きを拒否し、教育と言論による啓蒙活動に専念。72年に上梓《じょうし》した『学問ノスヽメ』はベストセラーに。

木村《きむら》摂津守《せっつのかみ》の人生は、武士道の結晶

福澤諭吉の勘が冴《さ》え渡るのは、人づきあいにおいてです。諭吉は蘭学修業で得た人脈をたどって、木村摂津守を紹介してもらうと、彼の私的な従者として咸臨丸に乗り込むことに成功するのですから。

木村は木村で、諭吉を従者にすることを、出会ったその場で即決したそうです。諭吉の人間性や能力を見抜いたのでしょう。あるいは、異国に渡るというだけで皆が尻込みをした時代に、わざわざ連れていってくれと申し出た諭吉は、木村摂津守にとっても救世主だったのかもしれません。

木村摂津守は、操船に必要な専門知識や技術を身につけていたわけではありません。木村家は、代々文官として徳川家に仕えてきたからです。

けれども、木村摂津守という人には、「提督」と呼ばれるにふさわしい、円満な人柄と高潔な志が備わっていました。彼は、日本が独立を維持していくためには、海軍の力が重要であると理解し、そのために自分の持てる力のすべてを注ぐ覚悟ができていたのです。

咸臨丸の出発前、木村は、乗組員たちが米国軍人に見劣りしないように、彼らの俸禄《ほうろく》（給与）を加増してほしいと幕府に願い出ました。それは乗組員のためであり、ひいては徳川幕府の面子《めんつ》を守ることに繋がると、徳川に深い忠誠心を抱く彼は考えたのではないでしょうか。しかし財政難の幕府は、彼の要望を受け入れませんでした。そこで木村摂津守は、先祖代々の家屋敷や家財道具を売り払い、持ち金をドルに換えて持参しました。これを恩賞として乗組員に与えたり、船の破損や乗組員の病気など、異国で不慮の出来事が起こった場合の備えにまわしたりしました。

この木村摂津守の計らいで、乗組員たちは、渡航や滞在に必要な出費を賄《まかな》うことができ、面目を保つことができたのです。もちろん常識では、個人がそこまでする必要はないのですが、それが江戸幕府開府以来、高禄を食《は》んできた旗本の務めであると木村は判断したのでしょう。

一説によると、木村摂津守が用意したのはおよそ３０００両と言われています。１００両あれば土地付きの家屋が買えたと言われていますから、３０００両がどれほどの大金かは、想像がつくでしょう。

木村が持参した金・銀貨は、咸臨丸の提督室の戸棚に大切にしまわれていましたが、荒波で船体が揺れると、部屋の床に散乱してしまいました。それを福澤諭吉があわてて拾い集めたというエピソードが、『福翁自伝』に出てきます。

幸い、木村が心配していたような不慮の出来事は起こらず、彼が用意した米《べい》ドルは余ったのですが、木村はその余ったお金を米国の未亡人団体に寄付したそうです。そのため、帰国したときには大金をほとんど使い切っていて、木村はすっからかんでした。

それに対し、幕府から木村個人に渡航費として下賜《かし》された500両は、ほとんど手をつけないまま幕府に返納されています。

後に明治政府の高官たちが、数々の汚職事件を起こしたのとは対照的。木村摂津守は、なんてお金にきれいな人だったのでしょう。そして単にお金にきれいだったというだけでなく、彼は礼節と惻隠《そくいん》の情《じょう》を持った、まさに人の上に立つべくして生まれ育ったような人物でした。

咸臨丸が、太平洋横断に成功し、サンフランシスコに入港すると、市民は初めて見るサムライたちに興奮し、大歓迎します。何しろマルコ・ポーロが『東方見聞録』の中で〝黄金の国・ジパング〟を紹介して以来、600年近くも神秘のベールに包まれていた日本人が、今、自分たちの目の前に現われたのですから。

ちなみにこの時点では、正使の乗るポーハタン号はまだ到着しておらず、使節団副使の木村摂津守こそが、サンフランシスコ市民にとって「ザ・日本人」であり、「ザ・サムライ」でした。

サンフランシスコ市主催の歓迎式典。相手国のマナーに則《のっと》り、木村摂津守は、市の幹部や士官たちと次々に握手を交わしていきます。そのとき、木村からある提案がなされました。会場の外に、日本人をひと目見ようと多くの市民が押し寄せているのを見て、木村は、その市民らとも握手させてほしいと提案したのです。握手会は延々と続きました。実は、彼らが日本刀と絹の着物に強い好奇心を抱いているのを知った木村が、一人一人と握手することで、これらを間近に見せようとしたのです。

この粋《いき》な計らいに、サンフランシスコ市民はみな好意を持ったことでしょう。

続いて、一行はホテルでの宴席に案内されました。乾杯の音頭をとるのは、サンフランシ

スコ市長です。彼は、

「日本の皇帝（この場合の「皇帝」とは将軍を指していると思われます）と米国大統領、そして日本の提督（すなわち木村のこと）のために」

と唱え、乾杯を促《うなが》しました。

するとと木村がすかさず立ち上がります。通訳のジョン万次郎が、彼の言葉を伝えました。

「今、日本の皇帝のために乾杯していただいたが、その名前が米国大統領の前にあった。こんどは大統領の名前を先に、米国大統領と日本皇帝のために乾杯していただきたい」

アメリカ側の列席者から歓声と大きな拍手がわき起こったことは、言うまでもありません。

やがて幕府の正使を乗せたポーハタン号がサンフランシスコに到着すると、小さな悲劇が起こりました。サンフランシスコの北東40キロほどにあるメア・アイランド海軍造船所で修理を受けていた咸臨丸を追って、ポーハタン号がやって来たのですが、造船所のカニンガム長官が、ポーハタン号から放たれた礼砲で顔面に火傷《やけど》を負ったのです。

正使を迎えての歓迎会に出席するためサンフランシスコに向かっていた木村摂津守は、この事実を知ると直《ただ》ちにメア・アイランドに引き返しました。そしてカニンガム長官を気遣い、彼の傍《かたわ》らを離れようとはしませんでした。

歓迎会はそのまま催《もよお》されましたが、そこで木村が欠席した理由が参加者に明かされると、会場からは大喝采が起こったそうです。

気の毒な人に対して、我がことのように心を痛め、つい手を差し伸べてしまう……そのやむにやまれぬ思いを〝惻隠《そくいん》の情〟と呼び、日本人は大切にしてきました。**礼節を重んじること、惻隠の情を育《はぐく》むことは、武士道において重要な一面とされてきましたが、それは日本だけでなく、世界中で受け入れられ、賞賛される行為**でもあったのです。


さて、ポーハタン号で派遣された正式な使節団は、その後ワシントンに向かい、条約批准書を交換します。さらにボルチモアとフィラデルフィアを訪問後、最終目的地のニューヨークに到着し、そのままブロードウェイをパレードしました。各地で空前絶後の大歓迎を受けた使節団は、およそ3カ月に及ぶアメリカ滞在を終え、帰国の途に就いたのです。

咸臨丸のほうは、サンフランシスコでポーハタン号と別れた後、再び太平洋を横断し、帰国しています。天候不順に悩まされた往路とはうってかわって、復路は順調だったようです。

帰国後、その歴史的快挙に関わった人々は、それぞれの道を歩み始めます。日本の歴史が大きく変わる転換期にあって、ある者は教育者という立場で、またある者は政治家として、あるいは技術者として、時代の一翼《いちよく》を担《にな》っていきました。

そんな中、木村摂津守に、明治政府から仕官のオファーが来ます。大プロジェクトを成功に導いた立役者ですから、当然のことでした。

ところが、木村摂津守はそのオファーを断わります。理由は、

「私は徳川に仕えた身ですから」

咸臨丸の指揮官として米国に赴いたのが、数え年31歳の時。帰国後、彼は海軍の創設を目指し、事務方としてさまざまな活動を精力的に行ないましたが、明治維新後は、二度と表舞台に立つことはありませんでした。

この見事なまでの潔さ！　武士道の本質の一つは、「抑制」にあると思うのですが、そして明治維新そのものが、支配階級である武士の自己否定を伴う大変革であったわけですが、まさに木村摂津守の人生は、武士道の結晶と言えるのではないでしょうか。

ただ、どれだけ美しい生き方を貫いたとしても、現実に肉体を維持していくためには、食べ物やお金が要ります。渡米に際して財産を処分し、そして明治維新後は収入の道が絶えてしまった木村家は、いったいどうやって暮らしていったのでしょう。

実は、木村家にひっそりとお金を送り続けた人がいるのです。そうです、福澤諭吉です。とてもアメリカに行けるような身分でなかった自分に対し、ひと目会うなり信頼し、人生の扉を開《あ》けてくれた人……。木村摂津守が手を差し伸べなければ、福澤諭吉という歴史上の人物は存在しなかったでしょう。諭吉は、この人の恩を終生忘れなかったのです。

その後、木村摂津守の息子・浩吉《こうきち》は、父が礎《いしずえ》を築いた海軍に進み、日清戦争に従軍します。諭吉は浩吉に宛てて黄海《こうかい》海戦の勝利を祝う手紙を送っていますが、その中で、

「万が一、君が討死《うちじに》しても、ご両親の面倒は私の命が続く限り見るから安心しなさい」

と綴っています。

幸い浩吉は命を落とすことなく、戦地から帰還しました。その後、浩吉が諭吉を訪ねて「自分も昇進して生活も安定したので」と援助の辞退を申し出ましたが、諭吉の木村家への援助は、手紙にあった通り、諭吉の命が尽きるまで続けられたのです。

福澤諭吉の最大の魅力、それはこの**限りない優しさ**です。

実は、福澤諭吉という人は物心両面にわたって数え切れないほど人助けをしているのですが、そういう類《たぐい》の話は『福翁自伝』には一切出てきません。自分の能力の高さをひけらかすような、他愛のない自慢話は枚挙《まいきょ》に暇《いとま》がないのに、誰かを助けたという話は、不思議なほど書かれていないのです。

誰かを助けた、こんなにいいことをした……というのは、第三者にとっては美談であっても、相手にとっては、施《ほどこ》しを受けたということが、〝恥〟ともなるわけです。相手に恥をかかせない、そんな粋な生き方が、諭吉の信条だったのでしょう。

クールな頭脳（理性）と温かいハート（情）を併《あわ》せ持つ人物が、愛されないはずがありません。福澤諭吉は、20世紀の幕開けを見届け、明治34（1901）年に亡くなりました。享年68。

葬儀当日、朝野《ちょうや》の名士はもとより、全国各地から諭吉を師と仰ぐ者や彼の著作に励まされたファンが男女問わず集まり、会葬者はおよそ1万5000人に達したと言われています。

【木村喜毅】　１８３０～１９０１

幕末の徳川家の家臣。１８５９年に軍艦奉行となり、翌年、遣米使節の随伴艦である咸臨《かんりん》丸の提督として、勝海舟らとともに太平洋を往復した。日本人の手による初の太平洋横断として知られる。明治維新後は完全に隠居し、福澤諭吉と親しみ詩作にいそしんだ。

吉田松陰は、なぜ日本史上最高の教育者になれたのか

私は、吉田松陰と緒方洪庵が日本史の中で最高の教育者だと思っています。その理由は、師に勝るとも劣らない、素晴らしい弟子たちを数多く輩出しているからです。

自分自身が優秀なだけなら、ほかにも素晴らしい人が歴史上たくさんいたと思います。でも、教育というのは、〝自立〟がテーマであり、そして**〝最高の教育〟というのは、師匠以上に優れた弟子をどれだけ育てることができたか、で決まる**と思います。

そのことを考えたとき、最高の教育者というのは、この2人のことではないかと思うのですが、ではなぜ、そんなことが可能だったのか、その原点を、まずは松陰の足跡から探ってみたいと思います。

嘉永《かえい》3（1850）年、ペリー来航の3年前のことです。長州藩の兵学師範の家を継《つ》いだ吉田松陰は、山鹿《やまが》流軍学を学ぶために、肥前平戸藩《ひぜんひらど》（現在の長崎県平戸市）を訪れました。平戸藩には、山鹿流兵学者の山鹿万助《まんすけ》がいたからです。彼は、山鹿流軍学の創始者・山鹿素《そ》行《こう》の子孫でもありました。

ところが、縁とは不思議なものです。松陰はむしろ山鹿万助以上に、葉山佐内《はやまさない》という人物に出会い、心惹《ひ》かれるのです。佐内は儒学者として知られ、同時に藩の家老という要職に就いていました。佐内の手元には、江戸へ出府の際に入手したり、平戸という地の利で得た新知識の書物が数多く所蔵されていました。

松陰が平戸に滞在したのは、約2カ月。その間、松陰は、紙屋《かみや》という旅館に宿泊しながら足繁《しげ》く葉山家に通い、葉山佐内に教えを受け、また多くの書物をかたっぱしから書き写していったそうです。松陰が佐内から借りた本は、80冊にのぼると言われています。

平戸で得た知識が、その後の松陰の世界観に大きく影響を与えたことは、想像に難《かた》くありませんが、この平戸滞在で松陰が得たものは、知識だけにとどまりませんでした。

佐内の溢れる優しさが、松陰の琴線《きんせん》に触れたのです。

佐内は、家老という要職に就いているため多忙を極めていました。ですから、松陰が葉山家を訪れても、留守のことが多かったのですが（主人の留守中に家に上がり込んで本をかたっぱしから書き写す松陰も松陰ですよね……（笑））、佐内が在宅している場合には、丁寧に対応してくれたうえに、別れ際には必ず玄関先まで出て松陰を見送ってくれたそうです。

松陰は玄関先で佐内先生に丁寧にお礼を述べて、帰っていきます。しばらくして、ふと後ろを振り返る。すると、まだ佐内先生は見送ってくれている。

葉山佐内は、自分の方がはるかに身分が高いのに、他藩から来たこの若者の後ろ姿が完全に見えなくなるまで、見送っていたそうです。

素晴らしい師につくということは、単に知識や技術を学ぶだけにとどまらず、人格を含めて、その人が人生の中で培《つちか》ってきたことのすべてに触れる、ということなのではないでしょうか。

吉田松陰が葉山佐内と交流を持ったのは、たった50余日。松陰が萩の松下村塾で弟子たちとともに過ごした期間も、長く見積もったとして、2年10カ月にすぎません。

たとえわずかな時間であったとしても、師の全人格・全人生に触れたから、弟子たちは成長し続けたのでしょう。師は弟子たちに何を与え、弟子は師から何を学ぼうとするのか。**時間の長さよりも密度が、教育の成果を分ける**のです。

ふと後ろを振り返ったら、まだ葉山佐内先生は自分を見送ってくれていた。これこそが、吉田松陰の教育の原点ではなかったかと思います。このとき松陰の身にわきおこった感動が、後に彼が弟子たちに接するときのベースになっていった、私はそう確信しています。

ところで、葉山佐内は、幕末の志士たちがこぞって読み、彼らの行動力の源となった『言《げん》志《し》四《し》録《ろく》』の著者・佐藤一斎《さとういっさい》の弟子でした。

佐藤一斎は、その著書の中で、このように述べています。

「少《わか》くして学べば、則《すなわ》ち壮《そう》にして為《な》すことあり
壮にして学べば、則ち老いて衰えず
老いて学べば、則ち死して朽《く》ちず」

（若い時に学問に励めば、壮年になって、その学びをもとに、意義のある仕事を成し遂げることができる。壮年になってからも学問に励めば、老年になっても精気が衰えることはない。さらに老年になってからも学び続けることができれば、ますます学びと経験が円熟し、より見識が高くなり、周りからの尊敬も得て、たとえ死んでも、その名は、魂は、志は、朽ち果てることがない）

この一斎の言葉で勇気を得た志士たちは、死をも恐れず、自分たちの信じる道に邁進《まいしん》していったのです。松陰は、一斎から直接教えを受けたことはありませんが、一斎の弟子である佐久間象山《さくまぞうざん》や葉山佐内を通して、その志を受け継いでいったのだと思います。

燃えるような志と人を包み込む優しさ。一見、相反《あいはん》するように思える2つの要素が一個の人格の中で自然に溶け合っているのが、松陰の最大の魅力だと思うのですが、その松陰の人格形成に大きな影響を与えた人物の一人が、葉山佐内だったのではないでしょうか。

吉田松陰と葉山佐内の接点は、時間にしてほんのわずか。人生の中で一瞬とも思えるような短いひとときであったとしても、相手の全人格が心に刻まれることで、その後のその人の生き方を左右するような、そんな素敵な出会いもあるんですね。

私たちにも、いつかそんな素敵な出会いがめぐってくるかもしれない……そう思うだけで、人生が愛《いと》おしく思え、明日への希望がわきあがってきますね。

【葉山佐内】　1796～1864

肥前平戸藩藩士。江戸で『言志四録』の著者・佐藤一斎に師事し、儒学を学ぶ。平戸に戻ってからは藩主の守《もり》役《やく》を務める。勘定奉行や大坂藩邸詰などを経て、1860年、家老に。平戸遊学中の吉田松陰は佐内のもとを訪ね、儒学を深めた。

緒方洪庵《おがたこうあん》は、なぜさまざまなタイプの才能を開花させることができたのか

吉田松陰と並ぶ最高の教育者の一人に、私は緒方洪庵を挙げたいと思います。松陰は萩の松下村塾で、洪庵は大坂の適塾《てきじゅく》で、多くの弟子たちを育て、その弟子たちが幕末から明治にかけて大活躍し、歴史を動かしました。

この2人に共通するのは、自分を慕《した》って集まった弟子たちを、師匠を凌《しの》ぐような人材に育て上げたこと、そして、実にさまざまなタイプの人間の才能を開花させたことです。多くの場合、自分とタイプの似た人間を育てることはできても、自分とかけ離れた人を育てるのは難しいと思うのですが、この2人は、あらゆるタイプの人材を育てています。

緒方洪庵は、江戸時代末期の医者であり、蘭学者です。洪庵が開いた適塾には、医師としても蘭学者としても名高い洪庵の名声を慕って、全国から多くの若者が入塾を希望して集まりました。25年間で門下生は3000人を超えていたと言われています。

その3000人の中で、おそらく洪庵が最も愛したのが、福澤諭吉と村田蔵六《むらたぞうろく》でした。

村田蔵六（後の大村益次郎《おおむらますじろう》）は、元々は長州藩出身の医者ですが、後に木戸孝允に軍事の才を認められ、幕府の第二次長州征伐や戊辰《ぼしん》戦争を舞台に司令官として活躍、明治陸軍の礎《いしずえ》を築いた人物です。ちなみに、伊予（現在の愛媛県）宇和島《うわじま》藩が国産の黒船を造ったときには、洋学者として宇和島藩に出仕していて、軍艦の雛型《ひながた》を造ったり船体を設計したといいますから、マルチな才能の持ち主だったのでしょうね。

この村田蔵六、才能は素晴らしいのですが、およそかわいげのない人物で、人づきあいが下手《へた》なんです。故郷で町医者をしていた頃、近所の人が「今日は暑いですね」と挨拶《あいさつ》すると、「夏は暑いのが当たり前です」なんて答えてしまう、愛想のない人だったそうです。

そんな蔵六と諭吉さん。似ても似つかない2人を、同じようにこのうえなく愛したというところに、教育者としての洪庵の素晴らしさ、懐《ふところ》の深さを感じます。

福澤諭吉が晩年に語った自分自身の半生を、弟子が筆記した『福翁自伝』。そこには、ところどころ、洪庵に関する記述が出てきます。

それによると、洪庵は、当代一の医師として多忙をきわめていたにもかかわらず、適塾での講義も手を抜いたことがなく、洪庵のオランダ語原書講読を聞いた諭吉は、「その緻密《ちみつ》な

緒方洪庵が開いた適塾。この部屋で塾生が勉強していた（1959年撮影）

ること、その放胆なること、実に蘭学界の一大家《いちたいか》、名実共に違《たが》わぬ大人物である」と毎回感心したそうです。おそらく洪庵は、原語をわかりやすく的確に翻訳したり、新しい造語を自ら作ったりするなど、語学のセンスが抜群だったのでしょう。

また、洪庵は、誰に対しても怒りをあらわにすることがなく、門人に対しても言葉を荒げて叱ったことのない、穏やかで心優しい人物でした。

あるとき、諭吉が腸チフスを患《わずら》い、中津藩の大坂蔵《くら》屋敷で療養しましたが、当代随一の医師である洪庵が、意外にも諭吉の診察を拒《こば》みます。「諭吉を家族のように思っている私には、診察はできない」というのが理由でした。そして、診察は他の医師に委《ゆだ》ね、ひたすら看病に徹したそうです。

こんなふうに師から愛された弟子は、自己重要感に包まれるでしょうね。病床で感涙にむせぶ諭吉の姿が目に浮かびます。

余談ですが、洪庵は、このようにそこはかとない優しさを湛《たた》えている半面、患者の命をあずかる医師としては、ひじょうに厳しい面がありました。

医を仁術《じんじゅつ》とし（〝仁〟とは思いやりのことです）、「道のため、人のため、国のため」という信念を貫き、仁術を解さぬ門下生には厳しくあたり、破門にすることもあったそうです。洪庵のこの凜《りん》とした生きざまの中に、医師という職業の本質が隠されていると思います。**医師を目指す方には、緒方洪庵について学ぶことを必須にしていただきたい**ぐらいですね。

さて、本題に戻りますが、吉田松陰、緒方洪庵という最高の教育者に共通しているのは、**彼らに接した若者たちが自己重要感に包まれ、もともと備わっていた素晴らしい能力が開花したということ**。しかも、松陰と洪庵が彼らに注いだのは、「師から弟子へ」という上から目線の愛情ではありません。師である松陰や洪庵が、むしろ弟子たちを尊敬している、そんな印象さえ与えるような、敬意に裏打ちされた愛情なのです。

当然、松陰と洪庵は、それぞれの分野でともに当時としては第一級の学識を備え、教え方もうまかったでしょう。でも、松下村塾や適塾で教育の奇跡が起きたのは、そんな知識や技術の問題ではなかったはずです。

彼らの情熱が、高潔な人格が、弟子たちに強烈な刺激を与えたのではないでしょうか。教育というのは、その人の全人生、全人格が投影されてこそのものなのかもしれません。

松陰や洪庵の時代から、およそ150年。2014年のソチ五輪で、女子フィギュアスケート史に燦然《さんぜん》と輝く素晴らしいフリープログラムを演じきり、世界中に感動を巻き起こした浅田真央《あさだまお》選手。前日のショートプログラムで取り返しのつかないミスをし、絶体絶命のピンチに立たされたときも、彼女の中には「トリプルアクセルを跳ばない」という選択肢はなかったと、本人が明言しています。

なぜ彼女は、そこまで気持ちを強く持てたのでしょうか。

浅田選手は、幼い頃から伊藤《いとう》みどりさんを目標にしてきたそうです。伊藤みどりさんは、1992年のアルベールビル五輪で女子としては五輪史上初めてトリプルアクセルを成功させ、世界を沸かせました。

フリー演技の残り時間が1分を切ったとき、演技前半で失敗し、転倒したトリプルアクセルに、彼女は再び挑んだのです。それはまさに彼女のスケート人生を賭けた、気迫のジャンプでした。この大会で、伊藤みどりさんは銀メダルを獲得、目標の金メダルには届きませんでした。でも、この大会の金メダリストを、一体どれだけの人が覚えているでしょうか。成績は2位でも、誰がなんと言おうと、この大会の主役は伊藤みどりさんでした。彼女の演技は、彼女の生きざまは、伝説になったのです。

その伊藤みどりさんに憧れ、伊藤みどりさんのようになりたいと練習に励んできた浅田選手だからこそ、絶体絶命のピンチを迎えても、彼女は逃げなかったのです。逃げるどころか、迷うことすらなかったのだと思います。

浅田選手は、メダルは手にできませんでしたが、メダルの先にもっともっと大切なものがあるということを、証明してくれました。そして、憧れ続けた伊藤みどりさん同様に、彼女の演技は、彼女の生きざまは、伝説になったのです。

きっと、20年先も、30年先も、「ソチ五輪は浅田真央の大会だった」と言われ続けるでしょう。人々は、たとえメダリストの名前を忘れても、「浅田真央」の名前は記憶し続けるはずです。

誰かに憧れる力というのは、その人に真の勇気を与えてくれます。

教育とは、何を教えたかではなく、誰から教わったのかが大切であるということ。そして、「この人みたいになりたい」そう思ってもらえるような人になることが、教育の本質なのだということ。松陰と洪庵という2人の偉大な教育者の人生は、私たちに、とても大切なメッセージを伝えてくれています。

【緒方洪庵】1810〜63

江戸時代の医学者、蘭学者。備中《びっちゅう》（岡山県）出身。大坂、江戸、長崎で医学を学び、1838年、大坂に適々斎塾《てきてきさいじゅく》（適塾）をひらく。診療の傍ら、多くの後進の教育に情熱を傾けた。門人は3000人ともいわれる。1862年、幕府に招かれ奥医師と西洋医学所頭取を兼ねた。

勝《かつ》海《かい》舟《しゅう》を心服させた名君とは？

幕臣・勝海舟は、徳川幕府の幕引きという役割を見事に演じきり、幕臣という立場を超えて新しい時代を切り拓《ひら》こうとした、稀有《けう》な存在です。龍馬の師匠としても有名ですね。

この海舟、頭が切れて自負心が強い分、他人に対する評価はいたって厳しく、しかも、その論調は、とてもシニカル。なかなか人を褒めないばかりか、たとえ褒めても、褒め言葉の中に、チクリと棘《とげ》があるのです。

その海舟が、生涯一度も悪口を言わなかった人物がいます。しかも、その人は、勝海舟よりも20歳以上も年下。20歳以上も年下の青年を、海舟は敬愛してやまなかったのです。

では、その青年に、海舟を敬服させるだけの特別な才能や力量があったかというと、そうではありません。彼が備えていたのは、無上の優しさと、純粋で清らかな心でした。

海舟が敬愛してやまなかったのは、江戸幕府第14代将軍・徳川家茂《いえもち》です。

13歳で将軍の座に就いた家茂でしたが、彼が将軍と決まるまでの間、江戸城内では将軍継《けい》嗣《し》問題が勃発し、後に第15代将軍となる一橋慶喜《ひとつばしよしのぶ》を支持する者たちと、家茂を支持する者たちの間で、派閥抗争が繰り広げられました。

年齢、実績、頭脳明晰さでは、慶喜に分《ぶ》がありましたが、家茂は、人としての魅力に溢れ、周囲の人々の心を開く〝徳〟が備わっていました。

実は、この家茂、大奥では空前の人気を誇りました。権力闘争や陰謀が渦巻く大奥の女性たちからこれほど支持されたことと、勝海舟が敬愛してやまなかったという事実は、家茂の人となりを理解するうえで、大きなヒントになるような気がします。

後に、家茂のもとに、皇女和宮《かずのみや》が降嫁《こうか》します。「公武合体《こうぶがったい》」という名のもと、朝廷と幕府の融和を図ろうという、究極の政略結婚でしたが、家茂の優しさに触れた和宮は、しだいに心を開いていきました。

家茂が20歳で病没したこともあり、2人は、子宝には恵まれませんでしたが、夫婦の仲は睦まじかったようです。


さて、この家茂にまつわる素敵なエピソードがあります。

家茂の生家・紀州(現在の和歌山県)徳川家は、徳川御三家のひとつ。将軍に跡継ぎができなかった場合、次期の将軍を擁立する可能性があるので、家茂は、幼い頃から帝王学を授けられていました。

日本流の帝王学というのは、カリスマとして君臨し、自分の思い通りに周りの人々を動かすのではありません。むしろ〝無私の心〟こそが、求められるのです。

家茂は、挙措動作が爽《さわ》やかで、いつも心は穏やか。家臣たちの前で声を荒げたこともありません。まさに〝公《こう》〟に生きた人でした。

将軍職を継いだ家茂に書道を教えたのが、幕臣・戸川安清《とがわやすずみ》です。安清は書の名人として知られ、70歳を過ぎた老人ながら、推《お》されて家茂の習字の先生を務めました。


側近たちの見回る中、安清の指導が続きます。その日常の練習風景が、一変する出来事が起こりました。

日ごろは模範生だった家茂が、あるとき、なんとしたことか、突然安清の白髪《しらが》頭に墨《すみ》を摺《す》るための水をかけると、手を叩いて笑い始めたのです。そして、「あとは明日にしよう」と言って、その場から立ち去ってしまいました。

同席していた側近たちは、唖然《あぜん》としました。将軍と言えども、まだ10代の少年ですから、たまにはいたずらでもしたくなったのでしょうか。それにしても、将軍の身でありながらこんないたずらをするなんて、情けない……と、側近たちは嘆きました。いたずらをされた安清に目をやると、辱《はずかし》めを受けたことが悔しいのか、家茂の行動に情けなさを感じたのか、涙を流しています。

ところが、一同は、その理由を聞いて、安清の涙の意味が、真逆だったことを知ります。彼の涙は、喜びの涙であり、感動の涙だったのです。

なんと、老齢の安清は、ふとしたはずみで失禁していたのです。将軍の前で尿をもらしたとなると、安清には、厳罰が下《くだ》されます。

〝恥〟よりも死を選ぶ時代、もしかしたら、安清は、厳罰が下される前に、自分への不甲斐《ふがい》なさから、自ら命を絶ってしまうかもしれません。

そんな安清をかばって、家茂はとっさに、いたずらをしたと装《よそお》ったのです。さらに、「あとは明日にしよう」という声掛けは、「明日も出仕するように」という意味であり、そのように発言することで、安清の粗相《そそう》を不問に付すことを、家臣たちの面前で表明したのです。

そんな優しさと英明さを持った家茂が、幕臣たちの信望を集めたのは当然でしょう。戊辰戦争において幕府を最後まで支えようとした幕臣たちの多くは、家茂を慕う気持ちが強かったと言われていますから、もし家茂が14代将軍にならなければ、徳川幕府の終焉《しゅうえん》というのは、もっと無残なものになっていたかもしれません。

そして、あの、人を小バカにしたようなところのある（そこが彼の魅力でもあるのですが……）勝海舟が、「この人のために」と思えた唯一の人が、この家茂だったのではないかと思うんです。家茂が亡くなったとき、勝海舟は「家茂さまの御薨去《こうきょ》をもって徳川幕府は滅んだ」と嘆息したと伝えられています。

人の上に立つ人は、才能なんてなくていい。才能ある人から慕われる人間力と、その人の才能を信じて活躍の場を与えることのできる度量の広さがあれば……。

徳川家茂。歴史にその名が燦然《さんぜん》と刻まれるような功績はありませんが、私の大好きな歴史上の人物の一人です。

【徳川家茂】 1846〜66

江戸幕府第14代将軍。紀州藩主徳川斉順《なりゆき》の長男。1858年、大老・井伊《いい》直弼《なおすけ》に擁立されて将軍となる。62年、公武合体運動の一環として孝明天皇の妹・和宮と結婚する。第二次長州征伐で出陣中、大坂城で病死。

清《し》水《みず》の次《じ》郎《ろ》長《ちょう》はなぜ富《ふ》士《じ》の裾《すそ》野《の》を開《かい》墾《こん》したのか

♪清水みなとの名物は　お茶の香りと男伊達《おとこだて》～♪

とくれば、ご存知、清水次郎長。

次郎長は、幕末から明治にかけて博徒として全国に名を馳《は》せましたが、前半生と後半生で印象はガラリと変わります。次郎長の後半生は、ひと言で表わせば「社会起業家」。起業家として数々の事業を手がけ、地元・静岡の発展のために尽くしました。

そのターニングポイントで、いったい何があったのか……？

彼の人生を変えたのは、幕臣・山岡鉄舟《やまおかてつしゅう》との出会いでした。

剣・禅・書の達人として知られる山岡鉄舟が、歴史の表舞台に登場したのは、戊辰戦争の真っただ中、新政府軍（官軍）の江戸城総攻撃が目前に迫った慶応《けいおう》4（1868）年3月のことです。

江戸の町を戦禍《せんか》から救うために、なんとしても勝海舟と西郷隆盛の会談を実現しなければならない……鉄舟は、勝海舟から預かった手紙を握りしめ、官軍でごった返す東海道を、西へ進みました。西郷隆盛が駿府《すんぷ》（現在の静岡市）に滞在していたからです。

官軍が厳しく警備する中を、鉄舟は、

「朝敵・徳川慶喜家来、山岡鉄太郎まかり通る」

と、大音声《おんじょう》で堂々と歩行していったそうです。あまりに鉄舟が堂々としていたので、官軍も虚《きょ》をつかれたのでしょう。

その後、鉄舟が清水の町に入ると、ある男が道案内役を買って出ました。それが清水次郎長だったのです。次郎長は、16歳も年下の鉄舟に心服したと言われています。

一方の鉄舟も、次郎長のおかげで無事に西郷のもとにたどり着き、勝海舟の手紙を西郷に手渡すことができました。

数日後、西郷と勝の会談が薩摩藩江戸藩邸で実現し、江戸城の無血開城という日本史上、最も高貴で最も美しいメロディーが奏《かな》でられるのですが、両者の会談は、新政府軍が予定していた江戸城総攻撃の日の、実に2日前の出来事でした。

こうして江戸の町は、危機一髪、戦禍から免《まぬか》れることとなりました。歴史の表舞台で主役を演じたのは、西郷と勝ですが、そのお膳立てをした山岡鉄舟と清水次郎長の存在を、私はけっして忘れたくないなぁと思います。

鉄舟と次郎長の出会いから数カ月、次郎長の牛耳《ぎゅうじ》る清水の町に、ひとつの騒動が起こります。

万延《まんえん》元（1860）年に勝海舟や福澤諭吉を乗せて太平洋を横断した咸臨丸は、旧幕軍の榎本武揚《えのもとたけあき》艦隊に加わり、品川沖から箱館《はこだて》（函館）を目指して出帆しました。ところが、ほどなく暴風に遭《あ》ってしまいます。そして咸臨丸だけが故障し、清水港に避難したのです。

新政府にとって、咸臨丸に乗り組んでいる旧幕臣たちは、反乱軍です。その咸臨丸が身を寄せる駿府藩は、徳川最後の将軍となった慶喜の意向で、新政府に対して恭順の姿勢をとっているのです。

駿府藩からしてみると、清水港に停泊する咸臨丸の存在は、自らの懐《ふところ》に爆弾を抱え込んでいるようなものです。当然、彼らを説得し、箱館行きを中止、降伏させねばなりません。

この説得に手間取っている間に、新政府の軍艦が清水港に攻め入り、咸臨丸を砲撃。港内に多数の乗組員の死体が浮かびました。彼らの死体は海中に遺棄されたまま、誰も手をつける者はいません。「賊軍に加担する者は断罪に処す」という新政府の厳重な布告が出ていたからです。

このときです。

「死ねば仏だ。仏に官軍も賊軍もあるものか」

この有名なセリフを吐いて、次郎長は子分とともに、咸臨丸の乗組員たちの死体を収容し、手厚く葬《ほうむ》ったのです。

このとき、駿府藩の幹事役という役職に就《つ》いていた山岡鉄舟は、次郎長の言動に深く感動し、次郎長が埋葬した咸臨丸の乗組員たちの墓に「壮士墓《そうしのはか》」という墓碑銘を揮毫《きごう》しました。

こうしてお互いを尊敬し、信頼し合った2人は、鉄舟が亡くなる明治21(1888)年まで、途切れることなく交流を続けました。鉄舟の亡くなる2年前には、清水に船宿を開業した次郎長に、鉄舟が引き出物として扇子《せんす》1008本に揮毫しています。

「死ねば仏だ。仏に官軍も賊軍もあるものか」

この次郎長の言葉には、薩長とか徳川、あるいは征服者とか被征服者といった考えはありません。彼は、ただシンプルに、人間の本質を見て、人としてあるべき生き方を問うています。

そしてこの生き方は、山岡鉄舟の生きざまそのものでした。だからこそ、生い立ちも立場も違う2人の間に、これほどの友情の花が開いたのでしょう。

話は前後しますが、山岡鉄舟と次郎長が出会ったときに交わされた会話がとっても粋《いき》なので、それをご紹介しますね。

天下の大親分・次郎長に対して、鉄舟が尋ねました。

「おまえさんの子分の中で、おまえさんのためには命を捨てても惜しくないというのは、何人ぐらいいるかい？」

実際には、次郎長に惚れ込み、次郎長のためには命もいらないと考えていた子分は多かったでしょう。ところが、次郎長の答えは意外でした。

「イヤー、あっしのために命を捨てるような子分は一人もおりませんよ」

……？　？　？

そのあとの次郎長の言葉が粋なんです。

「あっしのために命を捨てる者は一人もおりませんが、あっしは、子分のためにいつでも命を捨てる覚悟はできておりやすよ」

これぞ究極のリーダー！　**親が子に注ぐような愛情を、多くの人に注げる人こそが、真の**

リーダーと言えるのかもしれません。

この次郎長が、鉄舟との出会いがきっかけとなり、まるで別人のような後半生を歩むことになります。明治維新以降、次郎長はなんと侠客《きょうかく》を廃業し、地域の発展に情熱を注いだのです。

主な事績を挙げると、三保《みほ》の新田開発、巴川《ともえ》の架橋、相良《さがら》町の油田開発、英語学校の設立、蒸気船による海運会社の設立など。

勝海舟は、明治維新で失業した旧幕臣たちのために、お茶の栽培を奨励し、その困窮した生活を助けましたが、旧幕臣たちが栽培した静岡茶は、次郎長の設立した海運会社の船で東京に出荷されました。

また、富士の裾野の開墾事業も有名です。あの次郎長が、自ら鍬《くわ》をふるって、原野を農地に変えたのです。開墾事業には、かつての子分たちも親分を慕って集まり、みなで協力しあったそうです。そして次郎長一家が10年の歳月をかけて開墾した場所は、立派な茶畑となり、そこで採れたお茶は現在も全国に届けられています。

官軍に殺された咸臨丸の乗組員に対して、「死ねば仏だ。仏に官軍も賊軍もあるものか」このように考えた人は、当時、次郎長のほかにもたくさんいたと思います。けれども、それを実行に移したのは、次郎長ただ一人でした。

鉄舟が次郎長に感動したのは、そこに〝知行合一《ちこうごういつ》〟を見たからでしょう。

私は、武士道の根幹は「公《こう》に生きる」ことにあり、それを支えるのが「恥を知る」ことと「惻隠《そくいん》の情《じょう》」であると思っています。困っている人を見たら、放っておけない、気づいたら手を差し伸べている、そのやむにやまれぬ思いが〝惻隠の情〟です。つまり惻隠の情とは、「思いと行動は一つ」であるという、〝知行合一〟の所産なのです。

山岡鉄舟は次郎長を愛し、次郎長は鉄舟との出会いによって人生を変えました。それは、2人の武士道が響き合った結果ではないかと思うのです。

【清水次郎長】 1820～93

江戸後期から明治の侠客。1841年、博徒の世界に入る。多数の子分を従えて抗争を繰り返す。68年、倒幕のため東上した東海道総督府に道中探索方を命ぜられ、その際に帯刀を許された。維新後は清水港改修工事、富士山麓開墾、蒸汽船会社設立など事業家として活躍。

戦国の華・立花《たちばな》宗茂《むねしげ》には意外な弱点があった！

私は大学卒業後、航空会社に就職し、およそ7年間国際線に乗務しました。その時にさまざまな民族の歴史や文化、価値観に触れたことが、日本を理解するうえでの大きなヒントとなりました。

他国と日本の歴史、文化、価値観……どちらがいい、悪いという問題ではなく、そこには大きな〝違い〟がある、ということを学んだのです。その違いが如実に表われたのが、〝明治維新〟なのではないでしょうか。

明治維新を〝革命〟として論じる方もいらっしゃいますが、明治維新はけっして革命ではありません。革命の場合、前時代の支配者はみな殺されたり、追われたり、あるいは特権を剝奪《はくだつ》され、ひじょうに惨《みじ》めな生活を余儀なくされます。一般民衆からも、憎悪《ぞうお》の対象として扱われます。

では、明治維新の場合はどうでしょうか。全国のどこへ行っても、前時代の為政者である旧大名家は、地元の人々から慕われています。何かの会合でお殿様の子孫と同席でもしたなら、大変です。「世が世なら、こうして直接会うことなんてできなかった」と感激し、ありがたがる風潮が残っている地域もたくさんあります。
ここに日本の歴史の特異性、そして日本人の叡智《えいち》があると思うのですが、私の知る限りでは、その旧大名家と市民の結びつきがひときわ強いのが、九州・柳川《やながわ》（福岡県）です。両者の絆は、まるで江戸時代さながらです。

柳川を治めた立花家の初代藩主は、立花宗茂《たちばなむねしげ》。宗茂は、知る人ぞ知る、奇跡の戦国武将です。なんと生涯、不敗を誇り、しかも少ない人数でその何倍もの敵を倒してしまうので、「立花家の3000の兵は他家の1万に匹敵する」と言われていました。
さらに、彼は自分の領土欲を満たすために好んで戦をしかけたのではなく、自分の領地を守るためであったり、主家のためだったり窮地に陥った味方を救うためであったり、戦いぶりだけでなく、戦う動機もまた素敵！　秀吉の朝鮮出兵のときにも、何倍もの兵力を持つ敵を撃破して、同僚の加藤清正《かとうきよまさ》や小西行長《こにしゆきなが》らのピンチを救っています。

秀吉の死からおよそ2年、関ヶ原の戦いのときには、その武勇が天下に聞こえた宗茂に、家康から法外な恩賞が持ちかけられましたが、

「秀吉公の恩義を忘れて東軍に付くのなら、命を絶った方がよい。勝敗にはこだわらず」

と言い放ち、西軍に加担しました。大友宗麟の家臣に過ぎなかった自分を直臣《じきしん》に取り立て、柳川13万石を与えてくれた秀吉に報いたい、ただその一心だったのです。

宗茂は、東軍の大津《おおつ》城を攻め、陥落させるべく獅子奮迅《ししふんじん》の働きをしましたが、関ヶ原の本戦で、石田三成率いる西軍が敗れたという報を受け、大坂城に退《しりぞ》きます。大坂城の豊臣秀頼《ひでより》のもとには、西軍の総大将・毛利輝元《てるもと》がいました。けれども輝元は、徹底抗戦を主張する宗茂の意見を退け、家康に恭順。

宗茂は、悔しさを噛《か》みしめ、やむなく九州・柳川の居城に船で戻ることにしました。船はゆっくりと瀬戸内海を航行します。

そのとき、劇的な出会いがありました。関ヶ原の本戦では一発の弾《たま》も撃《う》たずに、敗戦後、東軍の中央を突破するという壮絶な退却戦の末に薩摩帰還を目指した、島津義弘の軍勢に出会ったのです。

宗茂の実父・高橋紹運《たかはしじょううん》は、島津氏との戦いに敗れ、自刃していますから、島津軍は父の仇《かたき》です。宗茂の近習が耳打ちをしました。

「殿、今こそ父君の仇《かたき》を討《う》つ絶好の機会かと存じまする」

義弘は、壮絶な退却戦で兵のほとんどを失っています。それに引きかえ、大津城で勝ち戦だった立花軍は、軍容が整っています。仇討《あだう》ちをするには、これほど絶好な機会はありません。

ところが、宗茂はこの家臣を一喝したのです。

「馬鹿を申すな。敗軍を討つは武家の誉《ほま》れにあらず。それに義弘殿は味方ではないか」

そう言うと、むしろ手負いの島津軍の護衛を申し出たのです。

島津義弘は、この宗茂の厚意をありがたく受けました。戦国期の九州を代表する勇将2人が友誼《ゆうぎ》を結び、船を並べてともに九州まで帰国する場面を思い描くだけで、胸がジーンとしてきます。

さて、柳川に帰国後の宗茂は、どのような運命をたどったのでしょうか。

宗茂の居城・柳川城は、家康の命令を受けた加藤清正、鍋島直茂《なべしまなおしげ》、黒田如水ら九州に領地を持つ東軍諸将から攻められます。奇跡の不敗神話を誇った立花宗茂も、ついに圧倒的多数を誇る東軍の前に屈し、ここに人生最初で最後の降伏を経験することとなったのです。

人間の欲望が渦巻く戦国時代に、宗茂のような爽やかな武将がいたというだけで、なんだか誇らしく幸せな気持ちになりますが、この宗茂の人柄は、敵将からも愛されていたのでしょう。関ヶ原の戦後処理で立花家は取り潰《つぶ》しとなり、一度は牢人となった宗茂でしたが、大坂の陣の後、関ヶ原から20年の時を経て、旧領の柳川藩主に復帰します。

宗茂が柳川に返り咲いたとき、旧臣たちが駆けつけたのはもちろんですが、領民たちも涙を流して宗茂を迎えたそうです。

文武両道に秀《ひい》で、無類の戦上手。武将としての才能に恵まれているうえに、常に温厚で誠実に人に接し、義に生きた宗茂。一見、男として完璧に見えますが、しかし彼にも弱点はありました。それは、妻・誾千代《ぎんちよ》との関係です。

名将・立花道雪《どうせつ》に見込まれ、彼の一人娘・誾千代の婿となり立花家を継いだ宗茂でしたが、夫婦仲がよくなかったというのが定説です。事実、宗茂が秀吉から柳川城主に取り立てられた後、誾千代は一人城を出て、別居をしています。彼女は城下の宮永《みやなが》に居を構えたため、「宮永様」と呼ばれ、家臣や領民の尊崇を集めました。

誾千代は大変美しい女性だったと言われていますが、夫の留守中は侍女たちとともに武装して城を守るなど、男勝《まさ》りな性格で武勇に長《た》けていました。

関ヶ原の戦いで柳川城が九州内の東軍勢力に攻められたときも、誾千代は宮永の居館から甲冑《かっちゅう》を着て出撃。まず柳川西側の渡船口で鉄砲隊を構え射撃して、鍋島水軍を寄せつけず、さらに南側に赴き、攻め寄せる加藤清正軍を威嚇《いかく》しました。

「このまま街道を進むと、宮永という地を通ることになりますが、ここは立花宗茂夫人の御座所《ござしょ》です。柳川の領民は立花家を大変に慕っており、夫人の居館に軍勢が接近したとあれば、みな武装して攻め寄せてくるでしょう」

と家臣から聞かされた清正は、宮永を迂回《うかい》して行軍したと言われています。

今でも、柳川の人々の立花家に対する思いには格別なものがありますが、すでに初代藩主の宗茂&誾千代夫妻の頃から、あの清正が怖れるほど、絆が強かったんですね。

江戸時代265年の間には、力を失い衰退していった大名家が数多く存在しますが、その衰退の原因のほとんどは、お家騒動にあります。どんな組織も、滅びるときは内部崩壊によって滅びるというのが、ここにも当てはまるわけですが、立花家の歴史は、お家騒動とは無縁でした。一族が団結し、そして領民との間に確かな絆を育みながら、江戸期を通じ、そしてそれ以後もずっと、地元の発展に尽くしてきたのです。

それにしても、立花家を支えるという意味では良きパートナーだった宗茂と誾千代の２人は、なぜ夫婦としては不仲だったのでしょうか。

「２人の性格が似すぎていた」

「夫が側室を持ったことに妻がやきもちをやいた」

など、不仲の原因はいろいろ囁かれています。

けれども、私が想像するに、本当は、子どもができなかった誾千代が、立花家のために身を引いた……というのが、真相なのではないでしょうか。

恋は自分が報われることを期待し、愛は、ひたすら相手の幸せを願う……そんな言葉を聞いたことがあります。**身を引くということは、恋なら諦《あきら》めることになりますが、それが愛なら、身を引くことで成就《じょうじゅ》するということもあるのではないか、**そんなふうに感じます。

関ヶ原の戦いから2年、誾千代は34歳でこの世を去りますが、病床にあっても、改易《かいえき》された夫・宗茂が再び世に出て、立花家を再興するのを夢みていました。おそらく誾千代は、命が尽きるまで、ずっと彼女なりに宗茂を愛し続けたのでしょう。

そして宗茂もまた、柳川再封《さいほう》を果たすとすぐに、誾千代の菩提《ぼだい》を弔《とむら》うために、城下に良《りょう》清寺《せいじ》を建立《こんりゅう》しました。やはりこの夫婦は、たとえ身は離れていても、心は通い合っていたんですね。

柳川市にある三柱《みはしら》神社は、立花道雪と宗茂&誾千代夫婦がご祭神として祀《まつ》られています。柳川の人々は、この夫婦の深い愛を感じていたからこそ、一緒に祀ったのではないでしょうか。

この世で添い遂げられなかった2人が、せめてあの世で仲睦まじく暮らせますように……そんな人々の祈りがこめられているのではないかと思うのです。

【立花誾千代】 1569~1602

柳川藩立花家の初代藩主・立花宗茂の正室。1575年、父・立花道雪から立花城の城督・城領・諸道具の一切を譲り受け、7歳で城主に。道雪に男子がいなかったためだが、少女が城主となるのは戦国時代でもきわめて異例。51年、高橋紹運の長男・宗茂を婿に迎える。

戦国ジャニーズ・木村重成《きむらしげなり》のわずか4カ月の結婚生活

以前、出演させていただいたテレビ番組の話です。「歴女の愛した男たち」というテーマのもと、全国から集まった歴女たちが、好きな戦国武将について語り合いました。真田幸村のところでご紹介した『熱中スタジアム』という番組です（104ページ）。この番組の中で、歴女人気No．1だったのが、真田幸村。第2位が、伊達政宗でした。私が選んだ武将は誰かと言えば……相当悩んだ末に、木村重成を選びました。木村重成と聞いて、「あの大坂の陣で活躍した、豊臣方の武将ね」とピーンときた方は、かなりの歴史通です。普通は、「誰、それ？」という感じですよね。

木村重成は、豊臣秀頼《ひでより》の乳母《めのと》の子どもで、年齢も秀頼と同年代。秀頼にとって、重成は唯一の幼馴染《おさななじみ》であり、2人は兄弟のようにして育ちました。秀頼の小姓から、やがて豊臣家の重臣となった彼を、ともに大坂の陣で戦った毛利安左衛門《もうりやすざえもん》という者は、後にこのように述懐しています。

「丈《たけ》高く、色あくまで白く、眉《まゆ》黒々と際《きわ》だち、細い眼の眦《まなじり》が凜《りん》と上がった美丈夫《びじょうふ》で、たぐい稀《まれ》なる気品を備えていた」

「美丈夫」とは、美しくて立派な男子を称賛する言葉。真偽のほどは定かではありませんが、彼の美しさを伝える次のようなエピソードも残っています。

大坂の陣の引き金となった方広寺《ほうこうじ》の鐘銘《しょうめい》を巡り、豊臣方の使者として女官たちが徳川家康のもとへ向かいました。豊臣家が女官を派遣したのは、事を荒立てずに、できるだけ戦いを避けようと考えたからでしょう。けれども、同時に、女官だけでは心許《こころもと》ないと感じたのでしょうか。木村重成を女装させ、女官団に同行させたというのです。

ところが、重成の美しさに、徳川方は誰一人として、その美女が男であることを見破れなかった……と。誰ひとり女装を見破れないって、一体どれほどのイケメンなんでしょう？

また、一説によると、大坂城の1万人を超える女官たちが、揃いも揃ってみな重成のファンで、城内で彼を見かけるだけで大騒ぎしたとか。それで私は、重成のことを〝戦国ジャニーズ〟と呼んでいます。ミーハーな私は、きっとあの時代に大坂城にいたら、女官たちの先頭を切って騒いでいたことでしょう（笑）。

さて、その重成に対して、ミーハーな気持ちではなく、真剣に恋した女性がいるのです。しかも、ひと目惚《ぼ》れ。彼女は、彼にひと目会ったその日から、切なくて、ご飯も食べられなくなり、ついには寝込んでしまいました。

彼女の名は、青柳《あおやぎ》。大坂城1万人の女官の中でも、No．1の美貌と評判で、そのうえ、和歌や琴の名手として知られていました。「才色兼備」とは、彼女のような女性を言うのでしょうね。

病床でも、青柳の思いは募《つの》るばかり。彼女は、その切ない気持ちを和歌に託しました。

「恋侘《わび》て　絶ゆる命は　さもあらはあれ　さても哀《あわれ》といふ人もかな」

（恋ゆえに患《わずら》って死んでしまうのであれば、それでも構いません。後に哀れなことだと言ってくれる人がいるかもしれませんから）

これに対し、重成の返歌は、

「冬枯《ふゆがれ》の　柳は人の　心をも　春待《まち》てこそ　結《ゆ》ひ留《とど》むらめ」

（冬の柳は耐えて春を待ち、やがて人の心を結びとめるだろう）

重成が、青柳の恋心を受け入れた瞬間でした。

2人が結婚したのは、慶長《けいちょう》20（1615）年正月7日のこと。重成22歳、青柳19歳と伝えられています。

ここで、「1615年」と聞いてピーンときたあなたは、かなりの歴史通です。

そうです、大坂夏の陣が起こり、豊臣家が滅亡したのが、この年のこと。2人の結婚生活は、なんとたった4カ月で終わりを迎えることとなるのです。

大坂夏の陣が始まり、決戦の日が近いことを悟った重成は、極端に食が細くなりました。

青柳が心配してその理由を問うと、

「敵に討ち取られた場合に、裂《さ》かれた腹から食べたものが出ると見苦しいためである」

と、重成は澄《す》んだ瞳で答えたといいます。

重成の覚悟を知った青柳は、夫の髪を入念に洗い、兜《かぶと》には香《こう》を焚《た》き込めました。そんな新妻に対し、重成は、謡《うたい》を謡って別れの盃《さかずき》を交わすと、戦場へと旅立っていったのです。

重成軍は、八尾《やお》・若江《わかえ》方面に出陣し、藤堂高虎《とうどうたかとら》の軍勢を撃破しました。しかし彼はこの勝利で満足せず、

「まだ家康、秀忠の首を取ってはおらぬ。これしきの勝利は、ものの数ではない」

と、突撃を敢行。井伊直孝《なおたか》の軍勢を迎え撃ち、激戦の末、ついに壮絶な討死《うちじに》を遂げました。藤堂、井伊という徳川の精鋭部隊を相手に、一歩も引けを取らずに果敢に戦った重成。その勇猛ぶりに感じ入った井伊直孝は、居城のある彦根（現在の滋賀県彦根市）に重成の首塚を建てています。さらに、戦地だった八尾には重成の墓碑が残されていますが、これは、明《めい》和《わ》2（1765）年、重成を討ち取った彦根藩士・安藤長三郎重勝《あんどうちょうざぶろうしげかつ》の子孫である安藤次輝《つぐてる》が、重成百五十回忌に当たって建立《こんりゅう》したものだそうです。

さて、時計の針を大坂夏の陣に戻しましょう。

重成戦死の翌日、大御所・家康の前で、大坂方の諸将の首実検《くびじっけん》が行なわれました。するとと、重成の頭髪から、えもいわれぬ芳《かぐわ》しい香りが……。青柳が兜に焚き込めた香は、夫の死をここまで切なく美しく際立《きわだ》たせたのです。家康はじめ徳川方の諸将は、芳しい香りに込められた、この若武者の悲壮な覚悟を知り、涙を流さぬ者はいなかったと言われています。

絵に描いたような美男美女のカップル・重成&青柳夫妻は、その最期がどちらもあまりにも劇的です。

重成が戦死したのが5月6日。翌7日深夜に、大坂城は落城、8日、秀頼と淀《よど》殿は自刃し、豊臣家は滅亡します。その時、重成の妻・青柳は、どうしたのか?

大坂城から落ち延びた青柳は、親類を頼って近江国《おうみのくに》(現在の滋賀県)へ。実は、このとき青柳は、懐妊していたのです。青柳は男児を出産すると、出家して尼となりました。やがてめぐってきた、重成の命日。彼女は夫の一周忌を終えると、愛する人の後を追って自害したそうです。

重成にひと目惚れした日から死の瞬間まで、青柳は、ただひたすら彼のことを思っていたのでしょう。まさに、命を懸けた、世紀の恋。愛する人のためなら、人はこれほど強く、気高くなれるんですね。

戦乱の世でなければ、きっと2人は添い遂げられていたでしょうに……。あまりにも美しく、あまりにも切ない恋物語です。

彼らが生きていた時代に比べ、現代はなんと恵まれているのでしょう。それなのに、私たちは、一歩を踏み出す勇気を持てなかったり、途中であきらめたり……。命をとられる心配なんてないのに、私たちは何を迷い、何に躊躇《ちゅうちょ》しているのでしょうね。

思いきり人を愛し、思いきり自分らしく生きていくこと。それが重成と青柳に対するせめてもの「はなむけ」になるような気がします。

【木村重成】 1593〜1615

母が豊臣秀頼の乳母だったこともあり、幼少の頃から秀頼の小姓として仕える。1614年の大阪冬の陣では、佐竹・上杉勢と戦って戦功をあげ、両軍和議の際の豊臣方使者となる。翌年の夏の陣で藤堂高虎・井伊直孝軍と戦って戦死。

〈第5章〉

初公開！
白駒流・幸せな
結婚のための
ヒント

大病を患《わずら》ったことがきっかけで、結婚には「命のリレー」という一面があることに気づき、やがて私は結婚コンサルタントとして活動するようになりました。

仕事から得たノウハウや実生活を通じて見つけた幸せの種を、本邦初公開しますね。

「いい人と巡り合えたら結婚したい」は間違いです！

2008年の暮れ、友人とともに結婚コンサルタント マゼンダを立ち上げてから、多くの方の婚活相談にのってきましたが、私がお会いした方の多くは、「結婚したい」と思ってはいるものの、「いい人と巡り合えれば結婚したい。でも、妥協してまでは結婚したくありません」とおっしゃいます。

「いい人と巡り合えたら結婚したい」

正論のように聞こえますが、実は、これが落とし穴なのです。

ちょっと別の事例に置き換えてみますね。

「いい仕事が見つかれば、就職したい。でも、いい仕事がなければ、無理して働く必要はないと思っています」

こういう人で、就職が決まった人を、私は見たことがありません。

「いい人と巡り合えれば」なんて条件をつけなくても、「私は結婚したい」で十分なんです。

「結婚したい」「家族が欲しい」……まずはそういう自分の気持ちを、大切にすることです。

さて、次です。「結婚したい」という自分の気持ちを素直に認めたら、次にすべきことは、**「どんな結婚生活を送りたいか」を明確にすることです。**

女性はよく「結婚する人によってライフスタイルも変わってくるから、どんな結婚生活を送りたいかなんて、わかりません。相手次第です」とおっしゃいます。男性が結婚生活に抱くイメージも、たいていの場合は抽象的で、具体的なイメージを持っている人は稀《まれ》です。

実はこれも、結婚できない人の典型的なパターン。わかりやすいように、こちらも別の事例に置き換えてみますね。

例えば、ただ「車が欲しい」と思っているだけでは、いつも見ている景色は代わりばえしません。

ところが、「この車種の、この色が欲しい」と心に決めると、「あっ！　私の欲しい車が走っている！」「あっ、あそこにも……」と、目の前に見える景色が、昨日までと一変します。街中、自分の欲しい車だらけに見えます。女性が妊娠すると、「世の中妊婦ばかりで、全然少子化じゃないじゃない」と感じるのと一緒です（笑）。「この車種のこの色」「妊婦」……自分の中に新しいアンテナが立つと、今まで、通り過ぎていくだけだった情報に、気づくようになるのです。

結婚もこれと同じ。「こういう人とこんな結婚生活を送りたい」と具体的にイメージするから、それに当てはまる人と出会ったときに、アンテナが大きく振れて気づくんですよね。ただ、このとき、とても大切なことがあります。実は「どんな結婚生活を送りたいか」という問いは、自分の幸せ感を突き詰めていくことなんです。世間で言われている条件でなく、自分の幸せ感を満たす結婚とは、どういうものなのかを考えることです。

問題は、その次です。

「こんな人と、こんな結婚生活を送りたい」……理想を挙げたら、キリがないですよね。第3章で、「4番目以降の条件を切り捨てる」ことを提案しましたが、具体的に私がいつもどのように優先順位をつけていくのか、ご紹介しますね。

まずは、自分の理想とする結婚生活を、思いきり紙に書き出してみてください。箇条書きがオススメです。

そして箇条書きで書き出したすべての条件を、ランク付けしていくのです。絶対に譲れないのは「A」、できればこうあってほしいと思うものに「B」、あまりこだわらなくてもいいものに「C」をつけます。

このやり方は、何か大きな決断をしなければいけないときに、私はよく使います。

例えば、マンションを買うときも、自分が求める条件を書き出していき、ランク付けすることで、優先順位を明確にしました。

私にとっての買いたい物件の「A」ランクは、

・メゾネット
・最寄りの駅から歩いて10分以内
・100平米以上
・4LDKで、4つの部屋すべてが6畳以上
・日当たりがいい

・風通しがいい

「B」ランクには、価格、住みたい街（水辺に近い、買い物に便利）、学校や病院までの距離、高速を利用する際のアクセスの良さなどをリストアップしました。

「C」ランクは何だったかな、全然覚えていません。あまりこだわらないものは、初めからリストアップしなかったのかもしれません。

こうやってランク付けをしたところで、決断するのです。「Aをすべて満たす物件と巡り合ったら買う」って（第3章でもご紹介した通り、これが恋愛や結婚なら、3項目ぐらいに絞《しぼ》るのがオススメです）。

ABCすべてを満たす物件なんて、世の中にあるわけないんですから。Aをすべて満たしていたら、それは「買い」ですよね。

でも、実際には、優先順位の低いBやCの条件に振り回されて、決断できない人が多いような気がします。私が思うに、**結婚に限らず、決断できない人って、優先順位があやふやなんですよね。**

「結婚したい」という自分の気持ちに素直になって、どんな結婚生活を送りたいかを心に描き、条件をランク付けして優先順位を明らかにする……ここまでやったあなたは、準備ＯＫ、あとはご縁を手繰《たぐ》り寄せるだけです。

ご縁をいかに手繰り寄せていくかは、第3章に詳しくご紹介したので、参考にしていただけると嬉しいです。

「好きな人がいないときにどう過ごすか」が、重要なポイント

一般的に、恋愛書には、「好きな人をどう振り向かせるか」という手法が紹介されていることが多いですよね。でも、実は、好きな人がいないときに、どんなふうに過ごしているかが、後の出会いに大きく影響するような気がします。

多くの人は、「好きな人ができたら、その人が振り向いてくれるようにがんばる」とおっしゃいます。逆に言うと、「好きでもない人からは好かれなくていい」という論理なんですね。

でも、考えてもみてください。地球上に60億を超える人間がいて、男と女しかいないんですよ。恋の対象となる異性は山ほどいるし、逆に恋のライバルだって、星の数ほどいます。

私が大好きになった人が、私を心から愛してくれる可能性って、私たちが思っているほど、高くはないのかもしれません。

それに、女性は太陽ですから、一人の男性だけ照らすなんてもったいない！　もっともっと多くの男性を照らして（男性のいいところを引き出して）あげて、笠森お仙ちゃんのように世の男性たちを幸せにしてあげたらいいと思うのです。

もちろん恋人としてつきあうのは一人ですけど、そういう関係じゃなくても、魅力的な女性から認められたら、男性は誰でも嬉しいと感じるでしょうし、その逆もまた然《しか》り。恋愛関係にあろうがなかろうが、男女がお互い磨き合い、認め合い、支え合ったり、勇気を与え合ったり、そんな男女関係が私の理想です。

だから、どういうカタチであれ、私が出会う男性は、みんな幸せであってほしいと心から願っています。

そういう気持ちで毎日を過ごしていると、恋愛感情として好きな人がいない時期でも、いい意味での緊張感があって、毎日が素敵なお稽古《けいこ》になっているんですよね。

どんな競技でも、練習量を積んでいる人には敵《かな》わないじゃないですか。恋愛も同じで、**気を抜いて毎日を過ごしている人が、好きな人ができたときだけがんばっても、その人が振り向いてくれる可能性は低い**のではないかと思います。

出会う人みんなの幸せを願って毎日を過ごしていると、魅力がどんどん磨かれていきます。まずは、いま目の前にいる人に、笑顔になってもらうこと！　そのために自分ができることを見つけ、精一杯やるのです。

それが板についてきたら、少しずつ笑顔にしたい人を広げていきます。

例えば、途中駅で新幹線を降りるとき、「次にこの席に座る人に笑顔になってもらおう」と思ったら、自然とゴミを片付けたり、倒していた背もたれを元に戻したりしますよね？終着駅で降りるときには、お掃除をしてくれる人の笑顔をイメージして、そのために自分ができることをすればいいのです。

本当の自分磨きって、特別なことを身につけることではなく、**「笑顔にしたい人＝自分が大切にしたい人＝敬意を払う対象」を広げていく**ことだと思います。「魅力の法則」を思い出してください。大切にする人が増えれば増えるほど、そして相手を思う気持ちが深まれば深まるほど、あなたの魅力は輝きを増していきます。

人間としても、女性としても、魅力的であれば、あなたを好きになってくれる人はいっぱいいるはずです。その中から最愛の人を選んだらいいのです。

最愛の人と巡り合うには、まずは愛される自分になることです。

女性にとって、「愛の賞味期限」は1日

ここからは、さらに一歩踏み込んで、幸せな結婚生活を送るためのヒントをお伝えしたいと思います。いずれも、私が日本史から学び、マゼンダでお話ししていることです。

人間関係を築くときに大切なこと、それは、相手が欲しがっているものは何かを考えるということです。

例えば、薩長同盟を結ぶことに成功した、坂本龍馬の場合。犬猿の仲だった薩摩藩と長州藩の仲立ちをするにあたって、龍馬は、それぞれの藩が欲しがっているものを調べました。長州は武器と弾薬。薩摩はお米。

当時、幕府による長州征伐が近づいていましたから、それに対抗するために、長州藩は喉《のど》から手が出るほど武器と弾薬が欲しかったのです。一方の薩摩藩は、農作物が不作で困っていました。お互いが欲しがっているものを、龍馬の仲介でお互いが与え合いました。それがきっかけでついに両藩が手を結び、薩長同盟に発展、幕末維新史が大きく旋回したのです。

では、結婚生活において、男が欲しいもの、女が欲しいものって、それぞれ何なのでしょ

う？

まずは女性編。

もちろん価値観は人それぞれですが、経営コンサルタントであり、教育家でもある稲垣説子《いながきせつこ》先生は、女にとって「愛の賞味期限は1日」だとおっしゃっています。

あっ、コレ、1日経ったら好きな人を嫌いになる、という意味ではありませんよ。**女性は、「好きな男性から愛されているという実感を、毎日感じていたい」生き物**であるという意味です。

だから男性は、つきあっているからって、あるいは結婚したからといって、安心して気を抜くのではなく、自分の選んだ女性に対して、「愛してる」「かけがえのない存在だと思っている」ということを、毎日伝えてあげてください。

「言葉で言わなくても、わかっているだろう」

「日本男児たる者、そんなこと言えるか」

……なんて、言わないでくださいね。歴史を紐解《ひもと》けば、私たちのご先祖さまはちゃんと言葉で愛を伝えてきたということに気づかされます。

例えば、日本最古の和歌集として知られる『万葉集』。およそ1300年前に編纂《へんさん》されたとされていますが、この万葉集に収められている4500首を超える歌の、約7割が恋の歌なのです。天皇や貴族から、名もなき庶民まで、あらゆる階層の人々が、実に素直に、何のてらいもなく、恋の喜びや切なさを表現しています。

また、江戸時代になると、江戸っ子たちは、とても微笑ましい風習を持っていました。

当時、江戸の町は、人口100万人を超える世界一の規模を誇っていたのですが、江戸の町の特殊さは、武家屋敷や神社・仏閣など、特権階級の所有する所が江戸の総面積の80％以上を占め、庶民はわずか20％にも満たない狭い所にひしめきあって暮らしていたことです。

特権階級と庶民、人口比はほぼ五分五分だったにもかかわらず……。

だから庶民は、狭い中で少しでも生き生きと暮らせるように、さまざまな工夫を施《ほどこ》しました。長屋に住み、ご近所づきあいを大切にしたことも、その一例。

長屋にはお風呂なんてありませんから、庶民は銭湯に通うのですが、子どもたちにとっては、この銭湯こそが、人づきあいのノウハウを身につける恰好《かっこう》の場でした。

みんなが快適にお風呂に入れるように、手ぬぐいはお湯につけない、使った桶や椅子を洗い流しておく、などのマナーを覚えます。とりわけ大切とされたのは、他者への声掛け。自分がお風呂から上がる際には、相手が知り合いであろうとなかろうと、「お先に。どうぞごゆるりと」という言葉を掛けます。

いわば銭湯は、江戸っ子たちが一日の疲れを癒《いや》す場であると同時に、子どもにとっては初めて接する世間であり、大人たちにとっても、一大社交場であったわけです。

では、大人の男性たちは、銭湯でどんな会話を交わしたのでしょうか。

江戸の商人道の語り部・越川禮子《こしかわれいこ》先生によると、なんと、銭湯で連日繰り広げられたのは、女房自慢だったそうです。

「うちの女房は美人だ」というのは、女房自慢としては「下《げ》」の評価で、「料理がうまい」とか「気立てがいい」「優しい」「気が利く」などが「上《じょう》」と評価されました。つまり持って生まれた容姿の良さではなく、後天的に身につけた女性としての素養が問われた、というのです。

この女房自慢の中身も興味深いですが、ここで皆さまにお伝えしたいのは、男尊女卑というのは決して日本の伝統ではなく、少なくとも江戸時代までは、女性がとても大切に扱われていたということです。

明治から昭和前半にかけて、日本は数々の戦争を経験したために、どうしたって腕力の強い男性がもてはやされましたが、平和な時代ほど、女性は力を発揮し、世間も女性を大切にするのです。現代がそうですよね？

江戸時代は今よりもっと平和でしたから、私たちが思う以上に、女性が大切にされたのでしょうね。もちろん歴史の表舞台で活躍するのは圧倒的に男性が多いのですが、その男性たちが男湯で女房自慢に花を咲かせていたなんて、なんとも微笑ましいですよね。

万葉集や江戸の銭湯の事例からわかるように、**日本男児のＤＮＡには、恋する気持ちを素敵に表現したり、女性を称える才能が、必ず宿っている**んですよ。

人間の脳って、不思議です。毎日見ているもの、聞いている言葉によって、脳が支配されるのですから。

例えば、こんな感じです。「愛してる」と伝え続けると、相手を愛《いと》おしく思う気持ちがどんどん募っていく……。男性の皆さま、騙《だま》されたと思って、ぜひやってみてください。

本当は、恋人や奥さまにそれをきちんと伝えてほしいのですが、「どうしても照れくさくてできない」という方には、オススメの方法があります。

それは、子どもやペットに向かって語りかけることです。「お父さんは、お母さんを心から愛しているよ」って。奥さまがそんな場面をたまたま目撃したら、きっと幸せな気持ちでその日一日を過ごせると思います。それに子どもはおしゃべりですから、「黙っててね」とお父さんが言ったって、奥さまに伝わるのはきっと時間の問題ですよ。

奥さまにしても、もしかしたら直接言われるよりも、子どもの口から聞くほうが嬉しいかもしれないし、子どもの教育という観点からも、いい影響がありそうですね。

男性は感謝されたい

では、男性は何が欲しいのか？

それは、ズバリ〝感謝〟だと思います。

「毎日家族のために働いてくれてありがとう」

「あなたのおかげで家族は幸せ」

「あなたがいてくれるから、わたしは輝けるの」

こんなふうに家族から感謝されたら、男たるもの、そりゃあ嬉しくて、ますますがんばれるというものです。


ここで皆さんにわかっていただきたいのは、**男と女は、欲しいものが違う**ということ。

これに気づかないと、人は、自分が欲しいものを相手も欲しがっていると勘違いして、それを与え続けてしまいます。せっかく相手を喜ばせようと愛情表現をしているのに、それが裏目に出てしまっては、とても残念だし、もったいないことですよね。

女性が欲しいのは、「愛されている」という実感。多くの女性は、男性もそれを欲してい

ると勘違いして、

「あなたのこと愛してるわ。あなたは、わたしのこと愛してる？」

って、男性が欲しいと思っていない「愛されている」実感を押しつけます。

その挙句《あげく》、かわいい、愛おしいと思っていた彼女や奥さんが、男にとって「うざい」存在になってしまうのです。

かくして、男性の愛情は、単なる「責任感」へと変わってしまいます。「愛されている」実感が欲しいのに、受け取るのが「責任感」では、女性はハッピーにはなれませんね。


その逆も、また然《しか》り。

〝感謝〟が欲しい男性は、女性も同じだろうと勘違いして、やたらと奥さんに感謝します。でも、女性って「ありがとう」と言われても、あまりピンと来ないですよね。恋人や夫婦でなくても、女性は日常生活の中で「ありがとう」をお互い言い合っていますから、〝感謝〟は、特別な関係がなくても成り立つものなんですね。

もちろん感謝することは素敵なことではあります。でも、**「ありがとう」は「愛している」の代わりにはならない**、そのことを男性にはご理解いただきたいですね。やっぱり女性にとって、「愛されている」に勝《まさ》る幸せ感はないのです。

だから、お互いがハッピーであるためには、相手が欲しいと思っているものを与えあうことなんですよね。


ここで、一つ、大問題があります。

男性は、感謝されれば愛せる、女性は、愛されれば感謝できる。

そう、これって、「ニワトリと卵はどちらが先か」の論争に似ていて、埒《らち》があかないのです。どちらかが大人になって、先に相手の欲しいものを提供しないといけません。

本来は、気づいた方が先に働きかければいいのですが、私のオススメは、**「女性から先に働きかける」**です。


男の子を育てていて気づいたんですが、男って、本当に単純で、かわいくて、弱虫で、傷つきやすいんです。

そんな男性に対して、心の中に不満をいっぱい抱えていてもいいんです、口先だけでもいいから、「ありがとう」って伝えてみてください。男は、照れながらも喜ぶはずです。

でも、これが逆で、男性が口先だけで「愛してる」と言ったら、女性はどうでしょう？女性は、見抜きますよね。しかも、

「そんな心にもないこと言って、何かやましいことがあるんじゃないの？」

なんて、あらぬ疑いをかけられるのがオチです。


つきあいや結婚生活が長いカップルが、いきなり心を込めて感謝したり、愛を伝えるのはハードルが高いと思うので、初めはその素《そ》ぶりを見せるだけでいいと思うのです。だから、女性から先に働きかけることをオススメします。

女性からいつも感謝されている男性は、やがてその女性を心から愛おしいと思うのではないでしょうか。かくして、男性、女性、それぞれが欲しいと思っているものを得ることができれば、お互いハッピーですよね。

愛し愛される存在であり続けるために

「男性は感謝されれば愛せる、女性は愛されれば感謝できる。まずは女性が大人になって、パートナーに感謝の気持ちを伝えましょう！」

私がセミナーでこう言うと、多くの女性は、「そんなことできません」とおっしゃいます。心の中で思っていなくても、言葉で伝えるだけでOKなのに、なぜできない女性が多いのでしょうか。

「うちの主人は、家事も育児も私に任せっきり。洗濯物をたたんでくれるわけでもなく、お皿を洗ってくれるわけでもない。ゴミ捨てだって行きません。うちの夫には、褒めるところがないんです。何もしてくれないのに、どうやって感謝しろと言うのですか？」

感謝できない理由は、2つあります。

まずひとつ目の理由。それは、「何かをしてくれたから感謝する」という発想だから。そうではなくて、**相手の存在に感謝するのです**。

私は、闘病生活を送り、何度も入院しましたが、病院のベッドで得た最大の気づきは、

「人生であたりまえのことなんて何ひとつないんだ」ということです。

呼吸をしていることも、自分の足で歩けることも、本当はありがたいこと。今日も、仕事を終えた主人が元気に帰ってきてくれた……。これだって、けっしてあたりまえのことではなく、ありがたいことなんですよね。だから、

「おかえりなさい。今日も元気でいてくれて、ありがとう」

って言ってみてください。

「お前、熱があるんじゃないか？」なーんて言いながら、男性の心の中には、温かいものが込み上げてくるのではないかしら。

それはそうだろうけど、でもやっぱり言えない、言いたくないという方！　その方には、ふたつ目の理由が当てはまります。

あなたは、パートナーと勝負していませんか？「ありがとう」と感謝の気持ちを伝えたら、勝負に負けたような気がするのではありませんか？

そんなときは、自分に、こう問いかけてみてください。

「あなたは、勝負に勝ちたいの？　それとも幸せになりたいの？」

もし幸せになりたいなら、どうすればいいかわかりますよね？

彼やご主人に限らず、男性と勝負しちゃう女性って、意外に多いです。龍馬のように誰とも勝負しないで、みんなを味方につける生き方ができると、人生は楽しいでしょうね。敵をつくらない、まさに〝無敵の生き方〟ってヤツです。

でも、「ついつい勝負を挑んでしまう」という方は、勝負の質を変えたらいいんじゃないかと思います。

「相手をギャフンと言わせたらこちらの負けで、相手を笑顔にしたらこちらの勝ち。相手に笑顔で〝ありがとう〟と言わせたら完全試合達成！」

みたいな……。こんな勝負なら、自分も周りもハッピーになりますね。あるいは「ありがとう」を言えない自分に勝負を挑んで、その自分に勝つのもいいかもしれませんね。

男は、家庭で感謝される存在だから、〝お父さん〟って呼ばれるんです。お父さんの語源は、「尊《とうと》い人」という意味なんですね。

じゃあ、〝お母さん〟の語源は？

お母さんの〝か〟は「日」のことで、太陽のような存在だから「お母さん」。

明治から昭和にかけて、女性解放運動の指導者として活躍した平塚雷鳥《ひらつからいちょう》（らいてう）も、「元始、女性は太陽であった」という有名な一節を残しています。

なぜ女性が太陽のような存在でいられるのか？　それは、尊い存在であるお父さんからの愛情を、シャワーのように全身に浴びるからでしょう。だから、女性が輝くためには、男性をちゃんと〝尊い人〟にしてあげないといけません。

女性というのは、生み育《はぐく》む性です。子どもだけでなく、男も、女性が育てるんです。〝尊い人〟として女性に扱われることが、男性を育てることにつながると思うのです。

そして、尊い人から愛された女性が、太陽のように輝く。きっと日本人は、この男女関係の機微《きび》を、古《いにしえ》からわかっていたのでしょうね。日本人の直感力、日本人の感性って、本当に素敵です。

冷静に考えてみれば、男性って、本当に尊敬に値《あたい》します。だって、自分が働いて稼いだお金を、ほとんど家族のために使ってくれるんですから。

女性に同じことができますか？　女性には無理でしょう。私だって、家族のために使えるのは、自分が稼いだお金の半分がせいぜいです。

世の男性は、実に素晴らしいです。というわけで、できれば心から、無理なら言葉だけでもいいので、大好きなあの人に、ぜひ「ありがとう」の気持ちを伝えてくださいね。

一説によると、恋愛感情が続くのって、3年か4年が限度らしいのですが、2人を結ぶ愛の質を少しずつ変えていくことに成功すると、いつまでも愛し愛される存在であり続けるのではないでしょうか。

それには、相手が最も欲しているものを与え続けられるように努力することですが、では、恋愛感情に代われるものとは、何でしょうか。

私は、感謝と尊敬だと思います。**恋愛感情が発展し、感謝と尊敬の念をお互いが抱いたとき、パートナーシップはより確かなものになっていきます。**

では、感謝と尊敬の思いは、どうしたら持つことができるのでしょうか。

福澤諭吉は、夫婦関係を継続するのに最も大切なものは、「恕《じょ》」であると言っています。

「恕」……それは「思いやり」の心。相手と自分の境がなくなるぐらい相手を思いやること、そして相手を許すことです。

この「恕」という言葉、実は孔子《こうし》が弟子から「人生で最も大切なことは何か？」と訊かれたときの答えでもあるのです。

互いに思いやる心を持つと、感謝と尊敬の思いが溢れてくる……それが「幸せ」の本質なのではないでしょうか。

男をやる気にさせる魔法の言葉──古代史セラピー

太古の昔、男たちはみな狩人でした。獲物を追い求め、命がけでマンモスに挑みます。時には、マンモスと戦い、分《ぶ》が悪くなり、命からがら逃げ帰ることもあったでしょう。帰り道にやっと仕留めたウサギを手土産に、わが家へ……。

「ただいま」

「お父さ～ん、おかえりなさい。……えっ!! これだけ!?」

家で待つ妻や子にこんなリアクションをされたら、男は切なくて泣きたくなるでしょうね。あるいは、こんな反応もありがちです。

「これしか獲ってこれないのなら、明日から狩りに行くときのお昼ごはんを減らすからね。もっと、しっかり働いてね！」

一生懸命に狩りをして、命からがら帰ってきたのに、やっと捕まえた獲物はすべて取り上げられ、自分の取り分も減らされて、その上、働きが悪いことを責められて……。発奮を期待して言ったつもりが、これでは、やる気が失《う》せてしまいますよね。

それから、こんな反応もありがちです。

「ちょっと！　忙しいんだから家事を手伝ってよ！　あなたは、外で、狩りを楽しんできたんでしょう？　あなたはいいわよね、毎日好きなことやって。私は、子どもの世話と家事で大変なのよ。あなたみたいに、好きなことだけやっていられないんだから」

この言葉の裏には、こんな思いがあるはずです。

「獲物を獲《と》りに行くのは簡単!!　楽しんでやっているんだから、あなただけ、ずるい。私は家事と育児で忙しいんだから手伝って！」

こんなことを言われた男性は、どう思うでしょう？　大きな危険を冒して、妻や子どものために獲物を獲りに出かける気力がわくでしょうか？


男性がやる気になり、女性に尽くすようになる、魔法の言葉。それは、「感謝」です。

もし笑顔でこう言ってもらえたら……

「いつも働いてくれてありがとう！」

「いやぁ、ウサギしか獲れなくて、ごめんね」

「でも、ウサギを捕まえるまでに、いろいろとあったんだよね。大変な思いをして、狩りに出かけてくれているんだよね。家族のため、命を削って狩りに出かけてくれて、ありがとう。私もウサギを捕まえたことがあるけど、さらに大物を獲るのは大変だよね。私たち家族のために戦ってきてくれて、ありがとう！」

こんなふうに言われた男性は、

「ウサギでこんなに感謝してくれるなら、次こそは、命にかえても絶対にマンモスを獲ってくるぞ!!」

とモチベーションがアップして、家族のために一生懸命働くようになるんじゃないでしょうか。

そして、ついにマンモスを仕留めた日。クタクタに疲れて、でも自尊心に満ちて家族のもとに帰ってきた男が、食事の出来上がるのを、今か今かと待っています。

「あっ、いいニオイ。食事ができた！　いっただっきま〜す」

…………

…………

「………オエーッ!! ま、まずい！」

これでは、男性もやっていられないですよね。

時代は変わっても、男のＤＮＡにはこのときの記憶が組み込まれているのではないかしら。

だから、世の女性の皆さま、

◆なにげないひとことで相手を傷つけることのないように、愛のある言葉を選択しましょう。

◆たとえ夫のお給料がいくらであっても、感謝しましょう！

◆たまに掃除はサボることがあっても、毎日心をこめて料理を作りましょう！

以上、古代史セラピーでした。

幸せの種は歴史の中にある！

私がコメンテーターとして出演させていただいたテレビ番組の中で、50代のご夫婦にアンケートを実施しました。テーマは、「パートナーのどこに不満を感じますか⁉」。

もちろん、「パートナーに満足している」という答えもありましたよ。でも、アンケート結果を分析すると、パートナーに対してちょっとした不満を持っている人がほとんどで、しかも、男性の持つ不満と女性の持つ不満には、明らかな傾向の違いがあったのです。

女性がパートナーに持つ不満は、「お給料が少ない」「優しさ、いたわりが足りない」ということ。そして男性がパートナーに持つ不満は、「料理が下手」「外見にかまわなくなった」。中には、「女を捨てている」という厳しいご意見も……。

お互い言い分はあるでしょう。でも、そこをぐっと飲み込んで、このアンケート結果を真《しん》摯《し》に受け止めると、幸せな結婚生活を送るためのヒントが見えてきます。

つまり、女性からしてみれば、いかに男性に稼いでもらい、優しくいたわってもらえるかということが、結婚生活を大きく左右するということです。だったら、パートナーに稼いでもらうには、そして優しくいたわってもらうには、どんな自分であればいいのかを考えたらいいのです。

それをお伝えしたくて、「男をやる気にさせる魔法の言葉」をお伝えした、というわけです。


では、男性が幸せな結婚生活を送るヒントとは？

奥さんに、お料理をがんばってほしいんですよね？　奥さんに、いつまでもきれいでいてほしいんですよね？

だったら、奥さんが一生懸命つくった料理を、「おいしい」って言ってあげてください。どこかにお出かけするとき、ちょっとおめかしした奥さんに、「きれいだね」って言ってあげてください。

そうしたら、奥さんは、ますますがんばって美味しいお料理をつくろうと思うでしょうし、「きれいでいたい」って、努力すると思うんですよね。

あの明治維新の英雄・西郷隆盛だって、妻のつくる料理に対して、一口食べるごとに「おいしゅうございます」と言っていたそうですよ。

相手に求めるのではなく、相手がそうしたくなるようにしむける。それが、本当の問題解決だと思うのですが、実はこの手法、私たち日本人には、とても馴染《なじ》みの深いものなのです。

以下は、日本最古の歴史書と言われる『古事記』に出てくる、有名な話です。

アマテラスオオミカミ（天照大神）が天岩戸に隠れてしまわれたとき、世の中が真っ暗になって困り果てた八百万《やおよろず》の神さまは、はじめ、岩戸の扉を力ずくで開けようとしました。でも、扉は外側から力を加えても、びくともしません。

そこで、神々は集まってそれぞれに意見を出し合い（これぞ元祖「ブレインストーミング」ですよね）、一計を案じました。天岩戸の前で、大イベントを催し、お祭り騒ぎをしたのです。

祭りのクライマックスに登場したのは、アメノウズメノミコト（天宇受売命）。彼女が岩戸の前で、足を踏み鳴らし、胸をはだけ、袴《はかま》まで押し下げて舞い踊ったところ、場は大いに盛り上がり、神々は笑い転げ、その声が高天原《たかまがはら》中に響き渡りました。

その様子を岩屋の奥でじっと聞いていたアマテラスオオミカミは、外で何が起こっているのか知りたくなり、いてもたってもいられなくなって、天岩戸の扉をそっと開けてしまうのです。

「外は真っ暗なのに、なぜあなたたちはそんなに楽しそうにしているの？」

このアマテラスオオミカミの問いに対して、待っていましたとばかりに、アメノウズメノミコトが答えました。

「あなた様より尊い神様がおいでになったので、みんな喜んで、歌い踊っているのです」

そして、すかさずアマテラスオオミカミに鏡を差し出しました。鏡に映った自分の姿を新しい神様だと思い込んだアマテラスオオミカミは、もっとよく見たくなって、岩戸の扉をさらに開きました。

そのときです。岩戸のかげで待ち構えていたアメノタヂカラオノミコト（天手力雄命）が、扉に手をかけ、渾身《こんしん》の力を込めて一気に岩戸の扉を開けました。

アマテラスオオミカミが姿を現わしたことで、高天原は、再び光に包まれたのです。めでたし、めでたし。

これが、有名な「天岩戸」伝説です。そう、無理やりやらせるのではなく、その人がそうしたいように仕向けるというのが、古代からの日本人の知恵なのです。

この知恵を発揮すれば、人間関係における私たちのストレスは軽減されますよね。そう、幸せの種は、歴史の中にこそ眠っているのです。

本書の文庫化に寄せて、単行本には未収録の特別編をお届けします。『古事記』に続き、『源氏物語』から愛の本質を学んでまいりましょう。

『源氏物語』に見る豊かで幸せな人生の送り方

「ゲンジは世界十大古典の筆頭なのよ。西洋の女性が小説を書き始めたのは、せいぜい二、三〇〇年前だけど、紫式部は千年も前にあれほどの物語を書き上げた。素晴らしいわね」

これは、旅先のオーストラリアで出会った、親日家の女性の言葉です。

千年の時を超え、さらに国境を越えて人々を魅了する『源氏物語』。その根底に流れる「もののあはれ」こそが、日本文化の本質と見抜いたのは、江戸時代後期を代表する国学者・本居宣長《もとおりのりなが》です。

宣長は、中国的な文化や考え方を尊ぶ「漢意《からごころ》」を脱ぎ去り、日本古来の「大和心《やまとごころ》」に立ち返ることを説きました。「漢意から大和心へ」——。これは、宣長の思いであり、同時に紫式部の思いでもあったのではないでしょうか。

源氏物語の巻一は「桐壺《きりつぼ》」。この巻の主人公・桐壺更衣《きりつぼのこうい》は、光源氏の母であり、時の帝《みかど》(桐壺帝《きりつぼのみかど》)の寵愛《ちょうあい》を一身に受けた女性です。その書き出しはこうです。

「いづれの御時《おおんとき》にか、女御《にょうご》、更衣《こうい》あまたさぶらひ(い)たまひ(い)けるなかに、いとやむ(ん)ごとなき際《きわ》にはあらぬが、すぐれて時めきたまふ(もう)ありけり」。

帝の側《そば》近くに仕える女性には、身分の高い順に「女御」と「更衣」の区別がありました。桐壺は大納言《だいなごん》の娘ですから、元々は「女御」となれる出自です。しかし後ろ盾《だて》となるべき父を亡くし、更衣の中でも末席の立場で入内《じゅだい》したのです。

本来、帝の寝所《しんじょ》に侍《はべ》るのは、女御だけ。更衣にはその資格はありません。当時の社会制度上、桐壺は帝にとって愛してはいけない相手でした。

けれども帝は、毎晩のように彼女を呼び寄せます。その愛の深さが、また尋常ではないのです。

この冒頭の一文が、平安貴族たちにどれほどセンセーショナルに受け止められたか、想像がつきますよね。

ちなみに小説家が最も頭を悩ませるのは、冒頭の一文だそうですが、このたった数行で読者の心を鷲掴《わしづか》みにし、五十四帖《じょう》の最後まで離さない紫式部は、まさに天才ですね。

それにしても、なぜ紫式部は、この衝撃的な愛のカタチを、冒頭に描こうとしたのでしょうか。

実は、女御や更衣といった女官制度は、中国に倣《なら》って取り入れたもの。いわば漢意です。そんな制度の中に、男女の情が通い合う本当の愛はないということ、そして真実の愛に生きることがどれほど尊いかということを伝えるために、この桐壺の巻はあるのではないか。私にはそう思えてならないのです。

帝の愛を独占する、桐壺更衣《きりつぼのこうい》。面子《めんつ》を潰された女御たちは彼女を恨み、有形無形の嫌がらせや意地悪をし続けます。愛とは、ときに人を傷つける、残酷なもの。誰かを愛すれば愛するほど、嫉妬に苦しんだり、切なく思い悩むのが、人間です。

『源氏物語』がすごいのは、そうした愛憎の場面はありつつも、絶対的な悪人が登場しないこと。桐壺更衣を苛《いじ》めた人たちも、彼女たちの置かれた立場を考えると、それも致し方なかったのです。

正義と悪という二元論では論じ切れない、人間の真実の姿をあぶり出し、描き上げたのが、『源氏物語』です。これほど人間学を深く学ぶことのできる作品は、ほかにないでしょう。

作中で描かれる、さまざまな女性像の中で、私は桐壺更衣が一番好きです。可憐《かれん》で優しい彼女が、同時に驚くほどの強さを持っているところに惹《ひ》かれるのです。

あれだけ苛められてもなお、彼女は帝への愛を貫《つらぬ》きます。まさに命がけの愛。

その強さは、一体どこから生まれたのでしょうか。それはきっと、彼女の生まれ持った資質に加え、帝の愛に応《こた》えたいという思いが、その強さを育《はぐく》んでいったのでしょう。

人間は心から愛し愛されることで、成長できる――。それこそが人生の醍醐味の一つであり、紫式部が千年の時を超えて私たちに発した大切なメッセージなのかもしれません。

さて、この『源氏物語』、私の知る限り、興味を持つのは圧倒的に女性です。でも、日本が世界に誇るべき文学の金字塔を、女性だけのものにしておくのはあまりにももったいない、私はむしろ男性こそが読んで大いに学ぶべきであると思っています。

ただし読む際には注意が必要です。それは、当時と現代では婚姻制度がまったく違うということ。現代の倫理観や価値尺度で登場人物を裁いてしまうと、そこからは深い学びが得られません。そういう形式的なことにとらわれず、この物語を通して紫式部が何を伝えたかったのか、想像を巡らせながら読むことをお勧めします。

それをクリアした上での話ですが、まず世の男性が学ぶべきは、光源氏の女性に対する接し方でしょう。彼は人前で女性を悪く言うことがなく、2人でいる時も、女性に決して恥をかかせたりしません。それは、単に優しいというだけでなく、女性に対する敬意が根底にあるからです。

さらに、光源氏の父である桐壺帝。この方は、もう神の領域というか、女性である紫式部が、理想の男性像を描いたとしか思えないのですが、だからこそ学び甲斐があるというものです(笑)。

帝は桐壺更衣というただ一人の女性を、全身全霊で愛しました。だからこそ光源氏という、並外れて優れた子どもを授かることができたのです。平安貴族たちが結婚を出世や勢力争いの道具にしていた時代に、式部は真実の愛の尊さを、そして命の輝きを伝えたかったのでしょう。

やがて帝は、心から愛した女性に先立たれ、悲しみのどん底に突き落とされます。すると帝は、桐壺更衣のお母さんに真心を込めて手紙を認《したた》めるのです。愛《いと》しい人の思い出をお母さんと語り合い、ともに悲しみを癒したいと思われたのでしょう。

帝からの直々《じきじき》の手紙を受け取ったお母さんは、帝の誠意に感謝しつつ、帝に会おうとはしません。帝に深く愛されたことが、娘の若すぎる死を招いたとの思いがあり、帝に会えば悲しみが増すと思ったからです。

母親として、その気持ちもわかりますね。そんな母心を、帝は慈《いつく》しみの心で包み込み、一層優しく接するのです。

人を愛するということは、相手の家族や背負っているもののすべてを受け入れ、愛を注ぐこと。その愛の本質を、式部は帝を通して表現したのではないでしょうか。

昨今は熟年離婚が増えているようですが、奥さんの両親、兄弟姉妹、甥《おい》っ子、姪《めい》っ子まで大切にしていた男性が、熟年離婚を突きつけられたなんて、聞いたことありません。相手にとって大切な存在に、どこまで深く愛を注ぐことができるか――。そこに、豊かで幸せな人生を送るためのヒントが示されているように感じます。

ところで、『源氏物語』はあれほど有名なのに、作者の式部の人生は謎に包まれています。

生没年も本名も不詳。

ただ福井県には、こんな話が伝わっています。「父の赴任に従い式部は一時期福井に暮らしていた。けれども彼女は田舎暮らしをあまり好まず、都を恋しがっていた」と。

もしこの伝承が史実だとしたら、人生というものは、なんと素晴らしいのでしょう。

なぜなら、彼女にとって気の進まなかったその田舎暮らしが、実は『源氏物語』という作品の奥行きの深さに繋《つな》がっているからです。その象徴が、「須磨《すま》」の巻。

時代の寵児《ちょうじ》・光源氏が都を追われ、須磨でうらぶれた暮らしを送ります。ライバルであり親友でもある頭中将《とうのちゅうじょう》は、光源氏を励ますためにはるばる須磨を訪れますが、そこで待っていたのは、人間としての深みを増した光源氏でした――。

都育ちで貴族社会しか知らなかった源氏が、田舎に来てはじめて農業や漁業を営む人々に出会い、人生観を深めていったのです。源氏は親友に告げます。

「貴族は天皇に仕え、彼らは自然に仕えている。仕える相手が違うだけで、職業や役割に上下貴賤《きせん》はないのだ」と。

なんと味わい深いのでしょう。源氏物語は、人間賛歌の物語でもあるんですね。

そして、このような描写は、紫式部が田舎暮らしを経験したからこそ可能だったのではないでしょうか。

私はそのことに気づいてから、未来に希望を持てるようになりました。だって、自分にとっては不本意であったり、不遇に思える境遇は、きっと未来の自分に必要だからわざわざ来てくれたのです。あとは受けて立てばいい。

人間の真実の姿を描き、愛の尊さを伝える『源氏物語』は、置かれた場で「生きる」覚悟を、私たちに与えてくれるのです。

――おわりに――

2010年夏、完治したと思っていた子宮頸《しきゅうけい》がんが肺に転移し、ひとつ、またひとつと癌《がん》細胞が増えていったとき、主治医から「この状態で助かった人を見たことがない」と告げられ、絶望の底に突き落とされました。

でも、私が人生のピンチを迎えると、必ず歴史上の人物の誰かが助けに来てくれるのです。このとき、私に力をくれたのは、明治の俳人・正岡子規《まさおかしき》でした。

正岡子規は、江戸時代末期に、四国の松山《まつやま》に武士の子として生まれました。子規が生まれてすぐに明治維新が起こり、封建制度そのものがなくなってしまうのですが、彼は武士道に人一倍強い憧《あこが》れを持っていて、「武士道における覚悟とは、一体どういうことを言うのだろう」と、常に自問自答していたそうです。

その子規が、ある日、ひとつの結論に至ります。

それは、「武士道における覚悟とは、いついかなるときでも、平然と死ねることだ」ということでした。

ところが、その後、子規は若くして脊椎《せきつい》カリエスという病気に罹《かか》り、激痛に苛《さいな》まれます。そのあまりの痛みに本人も自殺を考えたそうですが、お見舞いに訪れた友人、知人までもが「これほど痛いなら、もう死んだ方がマシ」と思うほどだったそうです。

やがて子規は、その苦しみの病床で、自分が思っていた覚悟が、真逆だったということに気づきます。

つまり「本当の覚悟とは、いついかなるときでも平然と死ぬことではなく、どんな苦しみの状況にあったとしても、生かされているかぎり、その一瞬一瞬を平然と生きることだ」と悟ったのです。

人生最大のピンチに際して、この話を思い出した私は、平常心を取り戻すことができました。たとえ1年後、2年後に自分の命がなくなるとしても、生かされている今に感謝し、この一瞬一瞬を、子規のように精一杯生きようと思えたのです。

すると、自分の中で、不思議な変化が起こりました。あれだけ死ぬのが怖かったのに、その不安が、雪のように溶けてなくなってしまったのです。

悩みが消え、穏やかな気持ちで日々を過ごせるようになった……。それだけでも十分ありがたいのに、消えてくれたのは、悩みだけではありませんでした。

その後、再び検査を受けたところ、驚いたことに、いくつもあった癌細胞が、画像で見るかぎりはすべて消えていたのです。

そのとき、私は気づきました。人間の悩みというのは、過去を悔《く》やんでいるか、未来を不安に思っているかのどちらかで、今この瞬間に悩みを抱えているということは、ほとんどないのではないか、と。

過去ではなく、未来でもなく、**「いま、ここ」に全力投球すれば、多くの悩みから解放される！** 必要な人にこの情報が届きますように……。そんな思いを込めて書き上げたのが、初めての著書『人生に悩んだら「日本史」に聞こう』です。


出版後、多くの出会いやご縁をいただく中で、新たに気づいたことがあります。それは、過去や未来という時間軸のほかに、**他人と自分とを比較することで悩みが生まれる**、ということです。

「いま、ここ」に生きるのと同様に、不毛な比較をせず、明確な自分軸を持つことが大切なのではないか。本書では、その思いを新たに綴《つづ》らせていただきました。

豊かな人間関係を築くために、本書をお役立ていただけたら嬉しいです。

なお、サブタイトルの『賢者の選択』は、２０１４年6月に名古屋で開催された講演会のテーマをそのままいただきました。

このときの講演は、いつもの歴史の話に加え、結婚コンサルタントとしての活動の中で気づいたことを伝えてほしいという、主催者側のご要望を受け、「人は幸せになるために生まれてきた」「人は自分を愛するために成長する」「そして人は、誰かを幸せにするために生きる」という思いをお伝えしました。

私たちの毎日は、起きてから寝るまで選択の連続です。休日に外出しようか、家でのんびり過ごそうかという小さな選択から、人生の進路や結婚相手を決めるような大きな選択まで、あるいは相手の言動をどう受け止めるかなど、実に大小さまざまな選択の上に、私たちの人生は築かれていきます。どんな選択をするのか、その選択グセが人生を左右するのかもしれませんね。

愛される存在になり、豊かな人間関係を築いていくこと、そしてそのための選択をすることは、幸せに生きるうえでとても重要です。

その賢者の選択を「歴史上の人物たちから学ぼう」との思いから、このサブタイトルをつけさせていただきました。

名古屋の講演会を主催してくださった、住くんと素敵な仲間たち、でこちゃんこと古川さん、そして講演にご参加くださった皆さま、本当にありがとうございました。

あの日、あの会場にいたすべての人たちがともに笑い、ともに涙してくださいました。あの感動を、本書を通して全国の皆さんにお届けできるのが、とても嬉しいです。

2014年9月
白駒　妃登美

【参考資料】

『福翁自伝』福澤諭吉（慶應義塾大学出版会）／『福澤諭吉と女性』西澤直子（慶應義塾大学出版会）／『人生を豊かにする50の道話』北山顕一（リックテレコム）／『人蕩し術』無能唱元（日本経営合理化協会出版局）／『江戸の繁盛しぐさ—こうして江戸っ子になった』越川禮子（日本経済新聞出版）／『松下村塾と吉田松陰—維新史を走った若者たち』古川薫（新日本教育図書）／『吉田松陰—身はたとひ武蔵の野辺に』海原徹（ミネルヴァ日本評伝選）／『高杉晋作　その魅力と生き方』古川薫（新人物往来社）／『氷川清話』勝海舟（講談社）／『海舟清話』勝海舟（中経出版）／『九州戦国の武将たち』吉永正春（海鳥社）／『戦国九州の女たち』吉永正春（西日本新聞社）／『戦国の群像』小和田哲男（学研新書）／『戦国の女性たち—16人の波乱の人生』小和田哲男（河出書房新社）／『島津義弘のすべて』三木靖編（新人物往来社）／『島津義弘の賭け』山本博文（中公文庫）／『歴史群像シリーズ　戦国九州三国志』（学研）／『太閤の手紙』桑田忠親（講談社学術文庫）／『豊臣秀吉のすべて』桑田忠親編（新人物往来社）／『上杉鷹山のすべて』横山昭夫編（新人物往来社）／『関が原合戦と大坂の陣』笠谷和比古（吉川弘文館）／『仙台真田代々記』小西幸雄（仙台宝文堂）／『軍艦奉行木村摂津守—近代海軍誕生の陰の立役者』土井良三（中公新書）／『ちょっといい話—いますぐ泣ける！感動の実話100選！』佐藤光浩（アルファポリス社）／『若江堤の霧』司馬遼太郎（講談社）／『日本歴史を点検する』海音寺潮五郎・司馬遼太郎（講談社）／『日本のこころの教育』境野勝悟（致知出版社）／『すべては今のためにあったこと』中山靖雄（海竜社）／『名言セラピー　幕末スペシャル　The Revolution』ひすいこたろう（ディスカバー・トゥエンティワン）／『月刊江戸楽』（エー・アール・ティー）／産経新聞／国際派日本人養成講座No.853「木村摂津守とサンフランシスコの人々」http://blog.jog-net.jp/201406/article_3.html／NHK総合『その時歴史が動いた』／NHK総合『歴史秘話ヒストリア』

■**取材協力**

福澤諭吉記念館（大分県中津市）／松陰神社（山口県萩市）／東行庵（山口県下関市）／平尾山荘（福岡県福岡市）／尚古集成館（鹿児島県鹿児島市）／黎明館（鹿児島県鹿児島市）／賀茂真淵記念館（静岡県浜松市）／本居宣長記念館（三重県松阪市）／三重県立図書館（三重県津市）／立花家資料館（福岡県柳川市）／山鹿市立博物館（熊本県山鹿市）／高知県立坂本龍馬記念館（高知県高知市）／高知市立龍馬の生まれたまち記念館（高知県高知市）／瑞山記念館（高知県高知市）／大友氏遺跡体験学習館（大分県大分市）／米沢市上杉博物館（山形県米沢市）／松浦史料博物館（長崎県平戸市）／木村公園（大阪府八尾市）／東長寺（福岡県福岡市）／千如寺（福岡県糸島市）／三柱神社（福岡県柳川市）／掛川城（静岡県掛川市）／白石城（宮城県白石市）／平戸城（長崎県平戸市）

□**写真協力**（本文に明記したもの以外）

毎日新聞社／共同通信社／尚古集成館（P43）／福井市郷土歴史博物館（P50）／国立国会図書館（P69）／東京大学史料編纂所所蔵模写（P87、210）／福岡市博物館（黒田資料）（P108）／三重県立美術館（P131）／持明院（P139）／横浜開港資料館（P190）／立花家史料館（良清寺蔵）（P225）

本書は二〇一四年九月、小社より『愛されたい！なら日本史に聞こう　先人に学ぶ「賢者の選択」』として四六判で発行された作品に加筆・修正して文庫化したものです。

一〇〇字書評

切り取り線

購買動機（新聞、雑誌名を記入するか、あるいは○をつけてください）

- □（　　　　　　　　　　　　　　）の広告を見て
- □（　　　　　　　　　　　　　　）の書評を見て
- □ 知人のすすめで
- □ タイトルに惹かれて
- □ カバーがよかったから
- □ 内容が面白そうだから
- □ 好きな作家だから
- □ 好きな分野の本だから

●最近、最も感銘を受けた作品名をお書きください

●あなたのお好きな作家名をお書きください

●その他、ご要望がありましたらお書きください

住所	〒				
氏名		職業		年齢	

新刊情報等のパソコンメール配信を 希望する・しない	Eメール	※携帯には配信できません

あなたにお願い

この本の感想を、編集部までお寄せいただけたらありがたく存じます。今後の企画の参考にさせていただきます。Eメールでも結構です。

いただいた「一〇〇字書評」は、新聞・雑誌等に紹介させていただくことがあります。その場合はお礼として特製図書カードを差し上げます。

前ページの原稿用紙に書評をお書きの上、切り取り、左記までお送り下さい。宛先の住所は不要です。

なお、ご記入いただいたお名前、ご住所等は、書評紹介の事前了解、謝礼のお届けのためだけに利用し、そのほかの目的のために利用することはありません。

〒一〇一-八七〇一
祥伝社黄金文庫編集長　岡部康彦
☎〇三（三二六五）二〇八四
ohgon@shodensha.co.jp

祥伝社ホームページの「ブックレビュー」からも、書けるようになりました。
http://www.shodensha.co.jp/bookreview/

祥伝社黄金文庫

愛《あい》されたい！なら「日本史《にほんし》」に聞《き》こう
先人《せんじん》に学《まな》ぶ「賢者《けんじゃ》の選択《せんたく》」

平成29年4月20日　初版第1刷発行

著　者　白駒妃登美《しらこまひとみ》
発行者　辻 浩明
発行所　祥伝社《しょうでんしゃ》
〒101－8701
東京都千代田区神田神保町3－3
電話　03（3265）2084（編集部）
電話　03（3265）2081（販売部）
電話　03（3265）3622（業務部）
http://www.shodensha.co.jp/

印刷所　萩原印刷
製本所　積信堂

ISBN978-4-396-31709-6 C0121